# CÓMO MOTIVAR A LOS NIÑOS A LEER

## Lecto-juegos y algo más

### Martha Sastrías de Porcel

EDITORIAL
PAX MÉXICO

APR 0 6

## EL LIBRO MUERE CUANDO LO FOTOCOPIAN

Amigo lector:

La obra que usted tiene en sus manos es muy valiosa, pues el autor vertió en ella conocimientos, experiencia y años de trabajo. El editor ha procurado dar una presentación digna a su contenido y pone su empeño y recursos para difundirla ampliamente, por medio de su red de comercialización.

Cuando usted fotocopia este libro, o adquiere una copia "pirata", el autor y el editor dejan de percibir lo que les permite recuperar la inversión que han realizado, y ello fomenta el desaliento de la creación de nuevas obras.

La reproducción no autorizada de obras protegidas por el derecho de autor, además de ser un delito, daña la creatividad y limita la difusión de la cultura.

Si usted necesita un ejemplar del libro y no le es posible conseguirlo, le rogamos hacérnoslo saber. No dude en comunicarse con nosotros.

EDITORIAL PAX MÉXICO

ജ ය

© 1992  Editorial Pax México, Librería Carlos Cesarman, S.A.
   Av. Cuauhtémoc 1430
   Col. Santa Cruz Atoyac
   México D.F. 03310
   Teléfono: 5605 7677
   Fax: 5605 7600
   Correo electrónico: editorialpax@editorialpax.com
   Página web: www.editorialpax.com

Octava reimpresión, 2005
ISBN 968-860-449-6
Reservados todos los derechos
Impreso en México / *Printed in Mexico*

# AGRADECIMIENTOS

Deseo expresar mi agradecimiento a los niños de los talleres de lectura y creación literaria, de los Clubes de lectura "TE REGALO UN SUEÑO" y a todas las señoras que los dirigen por haber colaborado en la creación de la metodología que aquí se propone.

A mis compañeras del grupo CUICA (Cultura infantil como alternativa) Isabel Suárez de la Prida, Tere Remolina y Becky Rubinstein, por el valioso material de apoyo que se incluye en el libro.

Para mi esposo, Jaime Porcel, un reconocimiento especial por sus invaluables consejos y ayuda en las últimas correcciones.

# ÍNDICE

# PRÓLOGO

Es indudable que hay en el mundo una crisis en materia de lectura. Son muchas las razones que han contribuido a esta situación, pero quizá la presencia de la televisión sea la responsable más directa.

Habría que analizar con cuidado qué es lo que el teleauditorio y en especial los niños, encuentran en la programación para entender mejor el fenómeno. Una de las respuestas que podríamos encontrar es que la televisión es "divertida".

Si la comparamos, en cambio, con la visión que la mayoría de los niños tiene de la lectura, nos encontraremos con que suelen asociarla con el trabajo escolar. De ahí resulta un rechazo en cierta medida explicable, pues no hay en los centros educativos en general, una estrategia adecuada que permita tener un espacio para jugar con la lectura y demostrar a los niños con hechos, que ésta puede ser una aventura extraordinaria y el mejor antídoto para la soledad y el aburrimiento.

En este contexto es gratificante y alentador encontrarse con un libro como el de Martha Sastrías. Ella cree en el juego como el mejor vehículo para acercar a los niños a la lectura y estamos totalmente de acuerdo. El juego es un mecanismo insuperable para el aprendizaje y aun diríamos que debería ser una presencia que nos acompañara toda la vida. El trabajo, si se le dignificara y se le diera el debido reconocimiento social, podría ser uno de esos juegos que nos haría vivir mucho más plenamente.

Un ejemplo de que esto puede ser, es la propia autora del texto que nos ocupa. Quienes hemos tenido la oportunidad de verla en algún curso de promoción de la lectura, sabemos hasta qué punto se imbuye de la actividad que está realizando, goza con los hallazgos de los futuros promotores y se entusiasma y emociona al hacer alguna lectura que sirve para ilustrar el tema que se propone. Martha Sastrías tiene una vocación clara y definida, y una tarea que sirve de centro a su vida profesional: escribir para los niños y lograr que el mayor número de personas los acompañe en la aventura de descubrir los mundos que encierra el libro.

Parece que se tratara de una labor exclusiva de profesionales. Nada más lejos de la realidad. Al lado de los maestros, los escritores, los animadores de lectura, están las madres y los padres, los abuelos y abuelas, los hermanos mayores, o quien en la comunidad resulte notable por su capacidad y encanto para narrar. Cualquiera de ellos puede ser promotor de la lectura.

La canción de cuna con que se arrulla al hijo, el cuento que se le narra o se le lee antes de dormir o cuando se siente triste o enfermo, la historia contada por la madre, que encierra las tradiciones o los valores de su grupo social; todo ello no son sino maneras de promoción de la lectura.

Personas que amen a los niños, quieran para ellos el mejor de los mundos posible y estén dispuestos a dedicarles un rato semanal con constancia, son los mejores candidatos para leer y poner en acción las ricas sugerencias que encierra el libro que hoy tenemos el gusto y la satisfacción de prologar.

Entre las cualidades de la obra, destaca la claridad con que está escrita; lo atinado de su presentación la convierte, además en un material autosuficiente. Esto quiere decir que quien la tenga en sus manos podrá contar con una guía que lo acompañe y le resuelva los problemas que encuentre en el camino. En ello estriba también su originalidad.

Cada paso está ejemplificado y la lectura de los ejemplos aclara, pero también estimula y deleita al lector. Los lecto-juegos en el papel, pero sobre todo puestos en práctica, serán fuente de continuas sorpresas. No hay como tener la capacidad de asombro de los niños para descubrir un mundo nuevo cada día.

En la antología, hecha con acierto y cuidado, encontramos también un campo lleno de posibilidades. Trabalenguas y adivinanzas divertidos pero que además desarrollan otro tipo de actividades psicomotoras e intelectuales, cuentos en los que se alternan la sorpresa y el humor, y otros, como "El doctor" y "El honguito", en los que el niño puede ver reflejados sus sentimientos, sus preocupaciones y encontrar una respuesta. Canciones y arrullos tradicionales con los que las generaciones de adultos nos sentimos identificados y que refuerzan, al ser transmitidos, la manera de ser y pensar de este hermoso país al que pertenecemos.

La presencia de la lírica tradicional demuestra al lector que esas canciones populares como el gracioso corrido de "El piojo y la pulga", que desde la infancia hemos escuchado y que popularizó Pedro Infante, pueden y deben estar al lado de los clásicos de la literatura.

Otra cualidad de la antología es que da a conocer algunos de los nuevos autores que han enriquecido con originalidad, la tradición de la lírica y la prosa infantil mexicanas.

A partir de los años setenta y específicamente de la Primera Feria Internacional del Libro Infantil y Juvenil, hemos visto cómo aparecen escritores, ilustradores y editores que le han dado nueva vida a este campo infinito que consiste en acercar al niño al mundo mágico de la lectura y, ¿por qué no?, también de la escritura, pues el ideal es que el niño, de tanto oír y leer textos que en verdad valgan la pena y tengan para él importancia significativa, se anime a escribir y tenga así una posibilidad más de expresión que lo ponga en contacto consigo mismo y con el mundo.

Quienes encontramos desde los primeros años un "saber de salvación" en la lectura, la llave para entender ésta y otras muchas realidades, y que desde entonces consideramos al libro como un compañero leal y divertido, interesante y tan atractivo que el viaje a la librería o a una biblioteca se convierte en un paseo del que regresamos con más material de lectura y un sinfín de nuevas ideas bullendo en nuestras cabezas, tenemos varios motivos para agradecer a Martha Sastrías este hermoso material que contribuirá, sin duda, a que en México haya cada vez más lectores gozosos.

Cristina Barros

# PRESENTACIÓN

## ¿Cómo acercar a los niños a los libros? ¿Qué hacer para que se interesen y disfruten la lectura?

Éstas son algunas de las preguntas que con frecuencia nos hacemos los padres, maestros y toda persona interesada en despertar en los niños la afición a leer. Los métodos, bien intencionados, de comprarles libros, de obligarlos a leer cinco o diez minutos diarios, de pedirles resúmenes de sus lecturas, no han tenido el éxito deseado. Los adolescentes, generalmente, rechazan la lectura y "odian la clase de literatura". Los adultos, en su mayoría, no consideran la buena lectura como parte de su esparcimiento y enriquecimiento cultural.

Todavía no se ha descubierto "la fórmula" que, después de aplicada, dé como resultado niños lectores. Dar con ella no resulta nada fácil, ya que para despertar una afición hay que tomar en cuenta, no solamente la capacidad de aprendizaje y comprensión del individuo, sino también su carácter, sentimientos, emociones, gustos e intereses. En cambio, sí es factible buscar métodos para interesar a los niños en la lectura.

En esta búsqueda, a través de 18 años de maestra y seis de promotora de la lectura y creación literaria de los niños, he encontrado que la clave está en asociar la literatura infantil con el juego.

Por medio del juego —algo inherente a la naturaleza humana— y de la literatura hecha especialmente para niños, es relativamente fácil cumplir nuestro objetivo de formar lectores infantiles.

Este libro es una guía que no pretende extenderse en teorías sobre la lectura y sus beneficios, sino dar a conocer algunas técnicas de carácter lúdico cuyo fin es que los niños disfruten, comprendan, interpreten la lectura y se interesen por la creación literaria.

Estoy convencida de que, para triunfar en la formación de niños lectores, hay que ser muy emotivo e imprimirle calor, alegría y amor a cada una de las actividades que se realicen con ellos. No es mi propósito marcar una línea estricta de trabajo que no pueda sufrir alteraciones. Hasta el día de hoy, la mayoría de los juegos incluidos en esta guía han tenido algún cambio en cada grupo que los practica, ya que el carácter del promotor y el de los niños nunca es igual y tiene diferentes maneras de manifestarse, lo que hace esta experiencia muy interesante y personal.

Espero que este libro sea de utilidad a todas aquellas personas preocupadas por la promoción de la lectura en los niños.

M.S.P.

# PRIMERA PARTE

## Para motivar a la lectura

# 1

# El promotor de la lectura

## ¿Quiénes pueden ser promotores?

Todas las personas que deseen y tengan entusiasmo por acercar a los niños a la lectura; padres, maestros, estudiantes, amas de casa, etc., podrán tener el "título" de promotor.
¡Todos podemos animar a los niños a leer, a interesarse y a gozar de la lectura!

## ¿Qué estudios se requieren?

Para inducir a los niños a leer no es necesario ser erudito en literatura, pedagogía o psicología. Sólo se requiere saber leer y escribir; amar sinceramente a los niños, interesarse en despertar en ellos la afición por la lectura y trasmitirles conocimientos, sentimientos y emociones. El empeño de acercar a los niños a los libros y a la literatura siempre dará frutos si va acompañado de afecto y entusiasmo.
Para entenderlos mejor y darles lo que su universo —real o fantástico— demanda, es preciso penetrar en su personalidad y descubrir sus inquietudes, aficiones e intereses y, conocer su mundo particular.

## ¿Qué más es necesario?

Para realizar nuestras actividades en favor de la formación de niños lectores, los promotores tenemos que valernos de la imaginación, de la creatividad y de nuestro ingenio, que no sólo nos serán útiles sino indispensables.

## ¿Se requiere mucho tiempo disponible?

No es necesario disponer de mucho tiempo, bastan unas cuantas horas al mes pero, una vez iniciada esta actividad, no podemos abandonarla. Tendremos que perseverar en nuestra labor y cumplir nuestro propósito de inculcar en los niños la maravillosa afición a leer. ¡Estaremos emprendiendo, junto con ellos, la gran aventura!

## ¿Qué necesitamos para comenzar?

Lo primero que tenemos que hacer es explorar el mundo de los libros infantiles, nacionales y extranjeros. Sin duda encontraremos infinidad de libros de cuentos, rimas, poesía, adivinanzas, trabalenguas... que podrán fascinar a los niños, pero habrá que saber seleccionar el libro apropiado para cada uno. Para ello es necesario conocer las características generales del cuento infantil y sus objetivos fundamentales y específicos, en relación con la edad e intereses del lector. Este libro le servirá de guía para llegar al conocimiento de las características esenciales de la literatura infantil.

# 2

# Selección de libros

## La literatura infantil

Consideramos *literatura infantil* a las manifestaciones y actividades con propósito lúdico o artístico dirigidas al niño, a través de la palabra hablada o escrita. Así podemos decir que, además del cuento, los arrullos, canciones, rimas, rondas, adivinanzas, juegos de palabras, trabalenguas, juegos dramáticos, leyendas, fábulas, novelas y dramas, entran en el género de la literatura infantil.

Es relativamente fácil seleccionar los géneros que tienen como base el ritmo, como las rimas, canciones, poesías, etc.; basta el sentido común para saber si les gustarán o no a los niños. En cambio, hacer una atinada selección de cuentos no es tan sencillo; habrá que tomar en cuenta ciertas características para catalogar los libros de acuerdo con la edad e intereses de cada lector en particular, de un grupo de niños más o menos homogéneo, o de otro heterogéneo.

## Características generales del cuento infantil

En términos generales, las características del cuento infantil son:

5

**LENGUAJE:** Claro, sencillo, conciso.
**VOCABULARIO:** Adecuado a la edad del lector. Es conveniente que se incluyan nuevas palabras para que se amplíe su conocimiento del idioma.
**TEMA:** Divertido, interesante y fácil de comprender. Podrá ser: realista, mágico, fantástico, didáctico, humorístico, de aventuras, de ciencia ficción.
**EXTENSIÓN:** Estará de acuerdo con la edad del lector; cada cuento podrá ser de menos de una cuartilla, hasta 60 o más. Preferentemente, el libro deberá estar dividido en capítulos o en narraciones cortas.
**PRESENTACIÓN:** Al igual que la extensión, deberá estar en relación con la edad del lector. Su formato podrá ser de media carta o más pequeño, hasta tamaño carta u oficio.

## Características de las formas literarias del cuento para niños

La forma literaria en la que está escrito el cuento deberá concordar con las características siguientes.

**NARRACIÓN:** Fluida, clara, interesante, con la extensión justa para retener la atención y el interés del lector.
**DESCRIPCIÓN:** Sencilla y breve. El niño gusta de imaginar y crear imágenes, no le interesa mucho la descripción detallada de algún lugar o cosa.
**DIÁLOGO:** Sencillo y fácil de comprender, deberá incluir expresiones coloquiales bien seleccionadas. No es aventurado afirmar que ésta es una de las características más importantes en el cuento para niños; por lo tanto, al catalogar un cuento hay que revisar bien los diálogos y decidir si son apropiados para los niños.

# Objetivos fundamentales del cuento para niños

Si nos detuviéramos a hacer un análisis de la infinidad de objetivos que el cuento infantil cumple, entraríamos en el campo de la psicología, de la pedagogía, del lenguaje, entre otros. No es ése mi propósito; me referiré, únicamente, a los tres objetivos fundamentales que, a mi juicio, el cuento deberá cumplir:

**DIVERTIR.** La lectura de cuentos servirá al niño de pasatiempo y le proporcionará placer y entretenimiento.

**FORMAR.** El cuento ayudará al lector a reconocer los valores éticos y estéticos, a formar juicios críticos y le fomentará el gusto por las expresiones artísticas. Lo capacitará, desarrollará y educará en el ejercicio de la lectura.

**INFORMAR.** El cuento podrá orientar y enterar al niño acerca de los diferentes temas que se traten en los relatos.

En la mayoría de los cuentos para niños se encontrarán —si se estudia el texto con cuidado—, relacionados entre sí, los conceptos de *diversión, información* y *formación.* En algunos, sin embargo, se verá que el objetivo principal es solamente uno de ellos.

**Ejemplo:**

## CRÓNICAS DE VUELO

### *Becky Rubinstein*

(Objetivo principal: DIVERTIR)

"Con permiso, señor cóndor. Buenas noches, doña águila. ¿Cómo está usted, señora paloma... y sus pichones? ¿Ya vuelan? Los míos todavía no, porque no tengo, pero cuando los tenga van a volar como yo ahora.

¿Sabe? ya aprendí a caminar y a correr sin tropezarme. No como mi hermana que se cae a cada rato y se da cada golpiza..."

Todo el día Mariquita hablaba de volar. Según ella, la maestra de baile también sabía hacerlo, pues de bailar a volar sólo hay un paso. Sólo que no se lo había dicho. Porque no todos los secretos se cuentan.

Un día pensó Mariquita en fabricarse unas alas de papel de China. Hasta pensó en comprar unas alas de pollo en el supermercado...

Entonces sucedió lo inesperado. Le bastó un moño que traía en la cabeza, y que su amigo Luis decía que era de tiempos de Matusalén, pero que resultó tan moderno como una hélice de avión, pues le sirvió para emprender el vuelo.

Todo empezó cuando esperaba el camión de la escuela y se soltó el torbellino. Cerró los ojos para que el polvo no le entrara, y *pifpafpof,* su moño empezó a dar vueltas, a girar, a girar, a girar.

Su abuela ya le había advertido del peligro de los torbellinos, pero jamás del peligro de los moños con muchas vueltas que de pronto se alocan. Si no se lo dijo —pensó Mariquita— es porque aún no lo sabía.

A los pocos segundos Mariquita ya se encontraba frente a una espesa nube, una "Nube estación". ¿Que cómo lo supo? Por un rótulo y unas aves viajeras que platicaban animadas mientras esperaban "La nube autobús". Eran un águila, un cóndor y una paloma.

Fue entonces que Mariquita se decidió a pronunciar con su mejor voz un discurso, tal y como lo había repetido frente al espejo, para cuando se le ofreciera.

Sólo que no pudo llegar a lo de la golpiza, porque el viento —que soplaba y resoplaba fuerte fuerte— la empujaba y empujaba cada vez más y más lejos.

Ahora pasó cerca de un gorrión que, al verla, se frotó los ojos y dijo:

—Niña, aquí hay truco encerrado.

—Nada de eso. No es truco, es moño volteretas. Y hablando de trucos, ¿no me digas que eres un truco que vuela y habla?

—Me ofendes. Soy sólo un ave, representante de veinte mil especies de aves existentes en el universo. Pero, ¿tú eres una niña voladora? Mi abuela gorriona me comentó una vez que las niñas no vuelan.

—Creo que se equivocó conmigo. Al parecer soy la excepción pero... ¿sabes dónde nos encontramos?

—Supongo que cerca de Marte. Mira, ahí dice: "Marte, bajada en la próxima estación".

—¡Me voy a desmayar!

—¿Y ahora por qué, si el vuelo no presenta contratiempos? Y los marcianos no han de ser tan horrorosos como los pintan.

—Es que mi mamá me regaló un moño de cuádruple vuelo y con él, segurito llegaré a Plutón.

—¡Qué maravilla, viajar a Plutón! Nunca he podido llegar más lejos de Marte. Iremos a Plutón... Mi sueño se volverá realidad... Tal vez hasta podamos tomar unas vacaciones.

—¿Pero no te da miedo? —replicó Mariquita— ¿No sabes que Plutón es el planeta más alejado de la Tierra? A mi mamá no le va a parecer, porque no le gusta que me aleje de la casa.

—Pero a la mía le fascina que vuele. No para de quejarse de mis alas por lentas o por pequeñas.

—Tengo la solución. Te prestaré uno de mis moños. ¡Y ahora a volar a Plutón!

Y cuentan las crónicas plutonianas que un gorrión, más pequeño que un puño de niño, llegó a Plutón. No es, al parecer, un gorrión cualquiera, tiene un ala extra en la cabeza, que él llama "Moño Terrestre de Terrícola".

Surgieron entonces los comentarios alrededor del suceso.

Alguien dijo: "La Tierra, la Tierra. Ningún plutoniense ha llegado a ella. Otro agregó: ¿No saben acaso los terrícolas que nosotros, los habitantes de Plutón no sabemos volar?

Pero Mariquita resolvió el problema. Les regaló su colección de moños.

Los grandotes para los niños y las niñas; los grandototes, para los papás y las mamás y los grandotototes para los abuelos y las abuelas. Sólo que tendrán que esperar que aparezca en escena un torbellino de aquéllos.

## Cuento didáctico

En la actualidad se pretende prescindir del cuento didáctico; sin embargo, algunos autores tienen como objetivo principal la enseñanza de algún tema dentro del cuento. Esto será válido siempre y cuando sea tratado de tal manera, que el lector no perciba que lo están aleccionando y el tema sea divertido e interesante.

**Ejemplo:**

## UN VIAJE AL PASADO[1]

*Tere Remolina*

(Objetivo principal: Enseñar algunos aspectos de la vida del ornitorrinco.)

Había oído hablar tanto de él y sus peculiaridades, que no resistí la tentación de ir a buscarlo. El viaje fue largo, hasta Australia, pero valió la pena. Cuando lo encontré, salía del baño; después supe que era un espléndido nadador. Me miró con curiosidad y empezó vanidoso a peinarse, usando para ello las garras de sus patas traseras.

—Perdone, ¿su nombre es *pato*? —dije al ver su pico y sus patas palmeadas.

Me observó con asombro, sin contestar.

—¡Oh, no!, disculpe, es *castor* —corregí, al contemplar su cola. No contestó una sola palabra.

—Debe ser un reptil, pues pone huevos blancos o quizá... un mamífero, ya que tiene pelo y da leche a sus hijos.

Esta vez no pudo resistir y dijo:

—En realidad, soy todos ellos, ¡cuac!, o más bien, una mezcla de ellos ¡cuacuac! Su voz sonaba conocida.

—Algunos me han llamado *eslabón perdido;* otros, *fósil viviente,* pero la mayoría me conoce como *ornitorrinco.*

—¿Es cierto que es usted enojón y venenoso? —pregunté.

—Bueno, si me molestan mucho me enojo como cualquiera y me defiendo con mi espolón que es algo venenoso —dijo, mientras lo mostraba en la cara interna del tobillo—. ¿Quiere probarlo?

—No, por ahora preferiría verlo nadar.

[1] Del libro *Siguiendo Pistas*, p.4. Ed. Naroga, México, 1984.

Sin hacerse del rogar, se zambulló en el arroyo habiendo cubierto previamente sus ojos y oídos con un pliegue de su piel, a manera de gorra de nadar, y desapareció rápidamente de mi vista.

El siguiente es ejemplo de un cuento que contiene los tres objetivos: **divertir, informar, formar.**

## PLUMAS ROJO, VERDE, AMARILLO Y AZUL[2]

### *Martha Sastrías*

Martín Pescador cerraba los ojos y veía rojo, azul, amarillo y verde. Los abría y veía verde, amarillo, azul y rojo. Cuanto más bajo volaba más brillantes se volvían los colores. Decidió aterrizar y averiguar qué era lo que en realidad miraba.

Suavemente descendió y sus patitas se posaron frente a una escalinata muy ancha y larga, pintada de franjas rojo, azul, amarillo y verde. Admirado exclamó:

—¡Qué bonita escalera!, pero qué rara. ¿Cuántos escalones tendrá? ¿A dónde llegará? Voy a subir de dos en dos y así sabré cuán larga es y a dónde lleva. Pero, para que sea más emocionante, cerraré los ojos y no los abriré hasta que pise el último peldaño.

—Veintidós, veinticuatro, veintiséis... contaba con exactitud.

Cuando llegó al escalón setenta, el sudor le escurría y se sentía muy cansado, pero no se dio por vencido, siguió adelante con los ojos cerrados. De pronto sintió en los pies algo húmedo.

—¿Miraré o no miraré? —se estaba preguntando cuando sintió que alguien lo tomaba de un ala y gritaba:

—¿Qué no sabes leer? ¿No has visto el letrero que dice PINTURA FRESCA?

Abrió los ojos y vio a un señor con cara de pocos amigos que le lanzaba miradas de furia.

—La verdad no sé leer muy bien, pero además venía con los ojos cerrados, por eso...

[2] Del libro *Cuentos de un Martín Pescador y su viaje por México*, pp. 10-11. Ed. SITESA. México, 1987.

—¿Y a quién se le ocurre subir noventa y nueve escalones a ciegas?

—Pues aaa miií —tartamudeó Martín— ¿A dónde llega esta escalinata? ¿Al cielo?

—Bueno, no precisamente hasta allá, pero sí muy cerca — repuso el señor, a quien se le había bajado el coraje al escuchar al ingenuo pájaro.

—Le voy a ser sincero señor, yo no sé en dónde estoy. Me llamo...

—Martín Pescador— agregó el hombre.

¿Cómo sabría mi nombre? —se preguntó—. A todos lados donde voy me conocen, seguro el viento les avisa de mi llegada. —Después de esta pequeña distracción siguió su plática.

—Este lugar se llama San Felipe Ixtacuixtla y está en el Estado de Tlaxcala.

—¡Ah! —exclamó Martín— ¿y tú eres el encargado de pintar la escalinata?

—Eso es. Yo me dedico a conservar los escalones siempre bien pintaditos.

Así siguieron charlando por un buen rato mientras subían. Al pisar el último escalón Martín no pudo reprimir un grito de admiración.

—¡Qué hermosa iglesia! También está llena de colores. Lo que la cubre son azulejos, ¿verdad?

—Sí —contestó el señor, que se sentía muy halagado de ver cuánto le había gustado a Martín la iglesia del Calvario.

El pájaro se contagió del gusto de la gente del lugar por los colores y le pidió al señor que cubriera su plumaje con los colores de la iglesia y de la escalinata.

El hombre hizo una excelente labor. Martín Pescador lucía esplendoroso con las pinceladas rojo, verde, azul y amarillo que brillaban entre sus plumas.

—Me voy a presumir mi nuevo traje —dijo Martín y se despidió del pintor y de San Felipe Ixtacuixtla.

Alzó el vuelo y se alejó silbando. Se sentía feliz de estrenar colores. De pronto, el cielo se oscureció y empezó a llover. Por donde pasaba Martín caían gotas teñidas de rojo, azul, amarillo y verde.

—¡La lluvia se está robando mi traje de colores!, pero no importa. Ahora volaré hasta Huamantla para conocer más de Tlaxcala.

# 3

# Gustos e intereses de los niños en función de su edad

La siguiente tabla, resumida del consenso universal, servirá de guía para familiarizarse con las necesidades "literarias" de los niños según su edad.

Es conveniente recordar que habrá que adecuarla al carácter y personalidad de cada niño en particular, y que los factores socio-económicos y el entorno harán que varíen sus intereses y gustos.

**De los 0 a los 4 años,** el niño disfruta con:
— las nanas
— los arrullos
— las rimas
— las poesías
— los cuentos con imágenes

**De los 4 a los 7 años,** se interesa por:
— los cuentos que personalizan animales y objetos inanimados
— los cuentos fantásticos que los motivan a echar a volar la imaginación y la fantasía
— los juegos de palabras
— las adivinanzas
— los trabalenguas
— los refranes

**De los 8 o 9 años a los 10 u 11,** le gusta leer:
— cuentos fantásticos
— cuentos realistas

**De los 11 en adelante,** los gustos tienden a dividirse:
— las niñas se inclinan por las historias sentimentales y románticas
— los niños por las aventuras y el misterio

## La literatura para niños de acuerdo con la edad

A continuación nos ocuparemos de las características específicas de la literatura para niños de acuerdo con su edad. Esto es desde un punto de vista "ideal", para niños "ideales" que reúnan todos los requisitos establecidos para una determinada edad.

Es importante advertir que todas las consideraciones que expondré, deberán variarse y adaptarse para que estén en concordancia con el desarrollo intelectual de cada niño, con su carácter, su modo de ser, sus aptitudes y conocimientos. Dicho con otras palabras, debemos adaptar el método al niño y no el niño al método.

Nada más adecuado para poner al niño, desde su nacimiento, en contacto con la literatura, que las rimas, la poesía y los cuentos rítmicos. Al escucharlos, el niño se divierte y entretiene y manifiesta los primeros sentimientos de placer. Por ejemplo, las rimas para "jugar" propiciarán que el bebé no solamente escuche, sino que, además, trate de imitar los gestos y movimientos que acompañan a estas rimas.

Las características específicas de estos géneros deben ser:

**VOCABULARIO:** sencillo y limitado; sin embargo, se podrá incluir palabras que los niños no comprendan, siempre y cuando vayan acompañadas de gestos y mímica.
**NARRACIÓN:** corta, que podrá ser más extensa cuando sea rítmica y alegre.
**TEMA:** simple.

Ejemplos:

# RIMAS

## MANITAS ALEGRES

*Isabel Suárez de la Prida*

(rimas para jugar)

Ven, con tus deditos
te divertirás.
MEÑIQUE primero,
luego el ANULAR,
comedias de juego
representarán;

MEDIANO y el ÍNDICE
también moverás,
porque a conocerlos
te enseña mamá,
en un lindo cuento
que sabe el PULGAR.

# POESÍA

## LA CONEJERA

*Isabel Suárez de la Prida*

Lindo conejito
llévame a tu cueva
quiero conocer
una conejera.

Sí se puede ver,
por un agujero,
ùna linda cama
de zacate fresco.

Tienes una limpia
losa como mesa

para desayuno
y para merienda.

Quiero ver si allí
dentro de un ropero
tienes guardaditos
bufanda y sombrero

Quiero ver si guardas
en la alacena
botas para el agua
y otro par de orejas.

# CUENTO RÍTMICO

## CUENTO PARA ORIOL

*Isabel Suárez de la Prida*

**(para niños de 3 a 4 años)**[3]

Era una viejita
arrugadita
que tenía un conejín
chiquitín.
En un conejar del lugar
una catarina
bailarina
y un ratón
bribón
coludo, trompudo
y dientón
que llegó primero
al agujero
con un tropezón.
Hicieron una fiesta
en la floresta
con la catarina
bailarina,
con el conejín
y otros invitados.
Comieron helados,
pasteles de fresa
y garapiñados.
Como fue la fiesta
sin orquesta
cantaron a dúo
la vieja y un búho
y el ratón
bribón,
coludo,
trompudo
y dientón
se ganó el concurso
de danzón.

---

[3] Del libro inédito *Versicuentillos y otros menos locos.*

# Cuentos de secuencias gráficas para niños en edad preescolar y para los que no saben leer

La importancia de estas obras es que sirven para introducir al niño en la secuencia estructural del cuento; descifrar una historia a partir de dibujos y prepararlo para la lectura recreativa individual.

Los temas de los cuentos en imágenes deberán ser muy sencillos: la vida familiar, alguna actividad cotidiana o especial, fácil de comprender. Los dibujos tendrán que ser simples y bien definidos, no demasiado pequeños y, preferentemente, a colores. La secuencia de las imágenes deberá mostrar claramente el desarrollo de la historia.

**Ejemplo:**

## Cuentos para niños que inician el aprendizaje de la lecto-escritura

Este tipo de cuentos tiene una importancia vital por ser la primera "literatura" con la que entrarán en contacto. De ellos depende en gran medida, el despertar del gusto por la palabra escrita.

El texto tendrá que divertirlo e interesarlo, deberá ser muy breve: una o dos frases por página, ilustrado con imágenes atractivas.

El tema podrá ser de un entorno conocido y familiar, pero sobre todo, fácil de comprender.

El vocabulario deberá incluir palabras sencillas, habituales y comprensibles.

**Ejemplos:**

### LA NOCHE

Cuando la luna se asoma
las vacas sonríen,
los conejos se abrazan,
y los niños la miran desde
la ventana.

*Martha Sastrías*

### MI CUARTO

En mi cuarto viven:
una pelota roja,
un libro de cuentos,
un carro viejo,
la muñeca de mi hermana
y mis patines nuevos.
Todos se duermen cuando
yo me acuesto.

*Martha Sastrías*

# Cuentos para niños que ya saben leer (7 a 8 años)

Las narraciones dedicadas a los niños que han terminado el aprendizaje de la lecto-escritura no son menos importantes que los anteriores (cuentos para los que inician el aprendizaje de la lecto-escritura).

Estos cuentos se encargarán de llenar las inquietudes, la curiosidad y el mundo fantástico de los niños, y les abrirán el universo de los libros.

Es conveniente que sean cortos, ilustrados, amenos e interesantes. Los temas, además de los familiares y de la vida cotidiana, podrán ser mágico-fantásticos y animistas (personalización de animales y objetos inanimados). El lenguaje debe ser claro y sencillo.

**Ejemplo:**

## TRIN CATARÍN Y SU MISIÓN

### *Martha Sastrías*

—¿Por qué será que no tengo trabajo y siempre estoy triste? —se preguntaba una y otra vez la pequeña Catarina.

Hacía más de un mes que el señor hortelano había recogido a todas sus hermanas y se las había llevado a trabajar en su huerto. Quería que acabaran con el pulgón que estaba lastimando sus legumbres. Sin dar explicaciones, a ella la dejó sola y abandonada.

Un día encontró a un abuelo muy simpático que siempre está buscando historias para contar a los niños, y le preguntó:

—¿Por qué no tengo trabajo como mis hermanas y siempre estoy triste?

El Abuelo no supo responderle, pero cerca de ahí se encontraba un hermoso colibrí que los miraba y sonreía.

—Te he oído hacerte la misma pregunta constantemente, sin recibir respuesta —le dijo a la pequeña Catarina—. ¿Por qué no vas con el escarabajo que vive detrás de la montaña azul? Te aseguro que te ayudará.

Catarina agradeció al colibrí su consejo y sin perder tiempo pidió al Abuelo que la acompañara y juntos salieron hacia la montaña.

Después de viajar por tres días y tres noches se sentaron a descansar. Una cochinilla se les acercó.

—¡Uf, qué cansados se ven! —exclamó.

—Es verdad, estamos rendidos y tenemos mucha sed — respondió el Abuelo—; llevamos varios días de caminar sin descanso.

—¿A dónde se dirigen tan de prisa? —preguntó curiosa la cochinilla.

—Vamos con el escarabajo a preguntarle por qué no tengo trabajo como mis hermanas y por qué siempre estoy triste — repuso Catarina.

—Ya que van a ver al sabio, pregúntenle, por favor, ¿por qué mi pequeña no quiere vivir bajo el nopal?

—¡Por supuesto, se lo preguntaremos! —aseguró Catarina.

Entonces la cochinilla los invitó a su casa y les dio agua. Frescos y descansados, prosiguieron su viaje.

Después de varios días de camino, se sentían muy fatigados y tenían mucho sueño. Un árbol se compadeció de ellos.

—Reposen tranquilos, yo cuidaré de ustedes —les recomendó.

Siguieron su consejo y durmieron un buen rato al lado de su tronco. Cuando despertaron pegaron un brinco y a toda velocidad continuaron su camino.

—¿A dónde van con tanta prisa? —gritó el árbol.

—Con el escarabajo sabio a preguntarle por qué no tengo trabajo como mis hermanas y por qué siempre estoy triste — respondió Catarina.

—¿Me podrían hacer un favor? —inquirió el árbol—. Pregúntenle por qué llegan a mí tantos gusanos y destruyen mis hojas.

—¡Por supuesto! Le preguntaremos.

Catarina y el Abuelo caminaron días y más días. Por fin, una mañana llegaron al lugar donde vivía el escarabajo.

—¿Qué les trae por acá? —interrogó el sabio.

—Oh, gran sabio, venimos desde muy lejos a hacerte algunas preguntas —dijo el Abuelo.

—Está bien. Pero han de saber que solamente puedo contestar dos preguntas.

La pequeña Catarina y el Abuelo estaban en un aprieto. La pregunta de Catarina era muy importante pero también lo eran las de sus amigos. Reflexionaron un rato y decidieron hacer las preguntas de la cochinilla y del árbol. El sabio les respondió de inmediato y los viajeros tomaron el camino de regreso.

El árbol los esperaba con ansiedad. Cada día perdía más hojas y se encontraba muy decaído. Cuando regresó Catarina, lo animó y le dijo que pronto terminarían sus problemas, que llamara al pájaro cantor y todo estaría resuelto. El árbol sacudió sus ramas y de inmediato llegó silbando el pájaro cantor y en un instante desaparecieron los gusanos que estaban devorando las hojas. Se volvió a sacudir feliz y con una de sus pequeñas ramas acarició a Catarina y con otra al Abuelo.

—Gracias, gracias —les dijo—. En recompensa por sus servicios, les doy este trozo de mi corteza.

Catarina, muy contenta, lo recibió y continuaron el camino de vuelta.

Al llegar cerca del hogar de la cochinilla, ésta salió a su encuentro.

—¿Pudieron cumplir mi encargo? —preguntó.

—Sí, cochinilla —afirmó el Abuelo—. El escarabajo dio respuesta a tu pregunta. Aseguró que tu pequeña no quiere vivir bajo el nopal porque tiene clavada una espinita.

En un momento se la quitaron y rápido se cobijó bajo las pencas.

—Muchas gracias por su ayuda. Lleven un poco de tinta como recuerdo —dijo alegre la cochinilla.

Llegaron a su hogar muy cansados. Catarina estaba contenta porque habían ayudado a sus amigos, pero se sentía triste pues su pregunta no fue respondida.

De pronto, de la corteza que el árbol les obsequió empezaron a salir muchas hojas de papel. En una de ellas, con la tinta regalo de la cochinilla se había escrito un mensaje:

*Queridos Abuelo y Catarina:*

*Desde hoy se llamarán Trin Catarín y reportero Cantarín. Juntos, con este papel y esta tinta, trabajarán y llevarán alegría a todos los niños del mundo. Tu pregunta, pequeña Catarina, está contestada.*

*El escarabajo sabio*

Desde entonces, Trin Catarín y el reportero Cantarín han trabajado juntos. El Abuelo busca el reportaje y Trin Catarín escribe las historias.

## Cuentos para niños que leen bien (8 años en adelante)

En esta etapa, cuando el niño ya lee bien, las narraciones motivarán su interés en el placer de la lectura, despertarán la curiosidad por futuras lecturas y harán destacar el valor de la literatura.

La extensión y el vocabulario serán más amplios, se introducirán personajes y situaciones relacionadas con entornos desconocidos para el niño.

Los cuentos realistas empiezan a captar su atención, pero continúa disfrutando e interesándose por los cuentos fantásticos y animistas.

**Ejemplo:**

## "C'JUAC" (8 años)[4]

*Isabel Suárez de la Prida*

Hace mucho tiempo, una ranita triste vivía en las orillas lejanas del lago de Tenochtitlan, bueno, del lago grande en el que estaban las islas cuando se fundó la ciudad de Tenochtitlan. La ranita se llamaba Chíatl y estaba triste porque no sabía cantar. Un día vio pasar a su vecino el pinacate y como éste tenía fama de sabio, le preguntó:

—Gran señor que se arrastra por los suelos, ¿quiere usted decirme cómo, dónde o con quién podría yo aprender a cantar?

—Respetable señora de los saltos alegres, ¿quiere que yo le diga cómo, dónde o con quién...

...podría yo aprender a cantar? ¡Sí! —completó Chíatl inmediatamente.

—Pues no podría yo decirle a usted, hermosa dama verde, cómo, ni dónde, ni con quién puede usted aprender a cantar, porque yo no canto. Con permiso.— Y siguió su camino.

Entonces la ranita se sentó en la orilla a patalear sobre el agua para distraerse un poco de su pena.

De pronto, vio acercarse a una víbora de esas grandes que se llaman mazacuatas porque tienen una especie de cuernos que recuerdan a los venados.

Antes que Chíatl le hablara, la víbora, muy sonriente y cariñosa, le preguntó:

—Hola, joyita hermosa, jade pequeñito, ¿por qué estás triste?

—Oh, señora venado, reina de la hierba, consentida del sol —le dijo la ranita Chíatl— es que tengo un problema.

—¿Un problema tú, alegría del agua? —añadió la mazacuata acercándosele un poco.

Y es que la viborota quería comérsela porque estaba blandita y muy sabrosa pero no estaba cerca, y si le daba a conocer su intención, la ranita se echaría al agua y ella se quedaría

4 Del libro inédito *Cuentos del Tata Baldo*.

sin el rico bocado. Entonces le rogó: —Habla, pluma preciosa, jade incomparable, si yo puedo hacerlo, te ayudaré.

Así es como Chíatl se animó a preguntarle:

—Venerable señora de hermosos cuernos, ¿podría usted
decirme cómo, dónde o con quién puedo yo aprender a cantar?

—Preciosa, si tú quieres saber cómo, dónde y con quién
puedes aprender a cantar, entonces ven y asómate: en la garganta tengo unos cascabeles colgados y te los daré si puedes alcanzarlos; creo que con uno de tus grandiosos saltos,
lo harás— y la mazacuata abrió la enorme boca.

Chíatl estuvo a punto de saltar dentro de ella, pero pensó
con miedo: ¿qué pasaría si la víbora la cerraba? Entonces
arrojó una piedrita hasta el fondo de la garganta de la mazacuata y se escondió entre la hierba que bordea el agua.

La víbora sintió el golpe de la piedra y la tragó, pensando
que se había comido a la ranita; se relamió y se alejó arras-
trándose muy contenta.

Cuando Chíatl, desde su escondite, vio que ya estaba a
buena distancia, se sentó otra vez en la orilla y empezó a patalear sobre el agua.

Al rato vio que un zanate se acercaba a beber y le dijo:

—Venerable señor de bellas plumas del color de la noche,
¿puede usted decirme cómo, dónde y con quién puedo
aprender a cantar?

—Linda joyita verde —le contestó el zanate— claro que sí
puedo decirle dónde la enseñarán a cantar, allí le dirán con
quién y ese quién le dirá a usted cómo, ¿conforme?

Sólo que cuando la pequeña Chíatl supo "dónde", se dio
cuenta de que era muy lejos para una pobre rana diminuta y
poco acostumbrada a caminar. Sin embargo, tomó las pre-
cauciones que el zanate también le indicó: cogió su guaje,
unos huaraches nuevos para soportar el camino y un petatito
limpio para poder dormir, y así se fue.

La gruta encantada que debía visitar estaba del otro lado
de los montes, de modo que la ranita caminó días y más días.
Cuando al fin llegó, sintió tal emoción que en vez de decir tres
veces la palabra TLAPIZALI como le había dicho el zanate, al
oír un sonido de agua que murmuraba algo así como "¿qué
cosa quieres?", se puso a dar voces saltando por todos lados

y diciendo que venía porque quería cantar. Entonces no se cumplió el hechizo, el sonido del agua le dejó de hablar y la gruta se volvió oscura y silenciosa. Por más que hizo, Chíatl no pudo recordar la palabra mágica. Bebió agua de su guaje y extendió su petate limpio para dormir.

Soñó que hablaba con el genio del día, brillante como el sol y luego con el genio que se duerme en la luna y tiene un conejito. Después de que los dos genios y el conejo tuvieron una respuesta para ella, se la dieron:

—Vacía la última gota de agua de tu guaje y llénala otra vez en la gruta. Vierte el agua encantada sobre tus huaraches y te vas, saltando y caminando hasta tu casa. Entonces ya sabrás cantar.

Chíatl sólo obedeció y cuando llegó a la orillita del lago en que vivía, había escuchado tantas veces el chasquido de sus pasos con los huarachitos mojados: *C'juac, C'juac, C'juac...* que lo repitió con su voz y le pareció que cantaba.

Extendió su petate y se inclinó sobre él para dar gracias a los genios y al pequeño conejo de la luna. Entonces empezó a croar: *C'juac, C'juac, C'juac.*

## Cuentos para niños de 10 años en adelante

Los cuentos y novelas cortas para niños de más de diez años, con toda seguridad, fortalecerán su juicio crítico y el gusto por la lectura.

Estas narraciones incluirán un amplio vocabulario y el lenguaje puede ser más complejo, pero siempre deberá ser claro. Los temas podrán ser realistas, relacionados con los problemas e inquietudes propios de esta edad; profundos, para propiciar la reflexión, o de misterio y aventuras.

**Ejemplo:**

## RESCATE (fragmento)[5]

*Liliana Santirso*

—¡Rafaela, regresa; la marea te va a llevar! —gritaba la madre.
—¡Rafaela, ya conseguiremos otro bote!
—¡Rafaelaaaaa!
Pero la niña ya no podía oírla. Había llegado hasta lo que antes de la tormenta fuera la playa, que ahora estaba totalmente invadida por el mar.

Desesperada, Rafaela buscó su palmera gigante con la vista y no la encontró. Cantidad de árboles flotaban sobre las olas encrespadas.

Con los ojos llenos de lágrimas, miró hacia donde guardaba su bote y lo descubrió allí sosteniéndose a pesar de las furias del mar.

Sin dudarlo, se lanzó al agua, justo en el momento en que la madre la alcanzaba:

—Niña, ¿qué vas a hacer?

—¡Rafaela!

—"¡¡¡Rafaela!!!" —volvió a gritar cuando vio que la niña se dirigía hacia el bote.

Con todas las fuerzas de sus brazos, Rafaela sostenía la embarcación que pugnaba por escaparse, mientras desanudaba la única atadura que la mantenía en la orilla. Se trepó de un salto. Apenas alcanzó a abrazarse del asiento sin soltar el remo solitario que quedaba. Después de un rato, consiguió un precario equilibrio.

Logró enfilar el bote hacia el lugar donde flotaban los troncos recién arrancados de las palmeras. Y lloró.

No se sentía especialmente valiente, ni era que le gustasen las tormentas, pero él se la había quitado... No la podía abandonar ahora que había aprendido a amarla.

Con esa imagen se dio fuerzas para asomarse por la borda. Y entre las olas, que casi la levantaban por el aire, comenzó la búsqueda.

---

[5] Del libro *Barcas voladoras*, p. 53. Ed. Amaquemecan. Amecameca, México, 1984.

Tenía que encontrarla. Ella fue su única alegría después de que, aquella tarde, aceptó la difícil herencia del abuelo.

\* \* \*

De manera breve y concisa se expusieron las características de la literatura para niños de acuerdo con su edad. Escogí como ejemplo el género del cuento por considerarlo el más viable para este fin; sin embargo, como lo mencioné al principio, poesía, rimas, adivinanzas y trabalenguas se incluyen en el concepto de Literatura Infantil y es conveniente que el niño tenga acceso a estas formas.

## Para evaluar y seleccionar un cuento

Para facilitar la tarea de evaluar y seleccionar los cuentos, se elaboraron, específicamente para este fin, las formas que presentamos más adelante. Después de llenarlas se podrá hacer una selección, si no perfecta, sí bastante acertada de los cuentos apropiados para nuestros hijos, alumnos, o grupos de niños con los que estemos trabajando para el fomento de la lectura. Primero se leerá, cuantas veces se crea necesario, el cuento que se va a juzgar y después se contestarán los cuestionarios en su totalidad, lo más ampliamente posible.

# Objetivos fundamentales del cuento para niños

**Nombre del cuento:** _____

¿Cumple el cuento con los objetivos de:

**1) Divertir?**          Sí          No          ¿Por qué?

**2) Formar?**          Sí          No          ¿Por qué?

**3) Informar?**          Sí          No          ¿Por qué?

Si encuentra que es un libro didáctico, ¿cumple los tres objetivos anteriores? Sí No ¿Por qué?

¿Para qué edad lo recomienda?

## Características del cuento

TEMA:
¿Es interesante?
¿Es divertido?
¿Es grato?
¿Es fácil de comprender?
¿Es realista? ¿Es mágico? ¿Es humorístico? Otros:
¿Qué valores resalta?

LENGUAJE:
¿Es claro?
¿Es sencillo? ¿Es rebuscado?
¿Es conciso?
¿Es adecuado para los niños?

VOCABULARIO:
¿Hay muchas palabras que necesitan explicación?
¿Hay muchos adjetivos?
¿Para qué edad lo recomienda?

EXTENSIÓN:
¿Cuántas páginas tiene de texto?

PRESENTACIÓN:
Tamaño
Papel
Tamaño de la letra
¿Está bien diseñado?
¿El texto y las ilustraciones están balanceados?   Sí   No
¿Es atractivo?
¿Para qué edad lo recomienda?

## Características de las formas literarias del cuento

NARRACIÓN:
¿Es fluida?
¿Es clara?
¿Es interesante?
¿Es muy larga?
¿Es muy corta?
¿Tiene la extensión adecuada para mantener
interesados a los niños?

DESCRIPCIÓN:
¿Es sencilla?
¿Es rebuscada?
¿Es completa?
¿Es muy abundante y extensa?

DIÁLOGO:
¿Es escaso o abundante?
¿Es claro?
¿Es ameno?
¿Es cansado?
¿Para qué edad lo recomienda?

# SEGUNDA PARTE

## El método

# 4

# Lecto-juegos. Presentación

En el capítulo anterior dimos, a grandes rasgos, respuesta a la interrogante planteada: ¿Qué necesitamos para comenzar? El siguiente paso es adoptar un método que permita utilizar estos conocimientos para alcanzar nuestro objetivo: **formar lectores.**

El método que propongo, es el de los:

## Lecto-juegos

Son la asociación de la literatura con el juego, una actividad innata de los seres humanos, que disfrutan tanto adultos como niños y les sirve para relajarse y expresarse sin inhibiciones.

Los **lecto-juegos** han sido creados específicamente para ayudar a la formación de lectores; por lo mismo, podemos considerarlos como juegos propiciadores del interés del niño por la lectura, de la correcta asimilación de ésta y de su desarrollo psicointelectual.

Los lecto-juegos que se presentan en el siguiente capítulo, "El taller de lectura" y en la tercera parte de este libro, deben ser tomados como ejemplo de lo que puede hacerse con este método; en algunas ocasiones podrán usarse tal como se presentan y en otras, como se mencionó con anterioridad, los promotores tendrán que usar su ingenio y creatividad para adaptarlos y modificarlos de acuerdo con su propia personalidad y las características del niño o niños con los que estén trabajando. Los padres que trabajen únicamente con sus hijos, con toda seguridad tendrán que hacer adaptaciones, ya que los juegos están diseñados para grupos de 15 o 20 niños. Como puede verse, este método no es rígido; por el contrario, su flexibilidad permite que, a partir de estos ejemplos, el promotor cree su propia gama de lecto-juegos, tan amplia como desee.

En cada juego indicamos cuál es el propósito del mismo, proporcionamos una lista de materiales cuando son necesarios y explicamos su desarrollo. La mayoría van acompañados de un ejemplo para facilitar su comprensión. Deben practicarse con el material de lectura apropiado para el niño o niños con los que estemos "jugando".

Los juegos no aparecen en un orden determinado; se podrá utilizar cualquiera de ellos dependiendo de las necesidades, intereses y destrezas de los niños. Tampoco se sugieren para determinadas edades, ya que no es la edad la que determina la etapa lectora, sino los conocimientos y la familiaridad con la lectura.

El propósito específico que se menciona en cada uno de los lecto-juegos, se refiere únicamente a la lectura por sí misma. Pero, si después del desarrollo de los juegos se hace un análisis profundo de las actitudes y comentarios de los niños, podrá apreciarse que se cumple no solamente el objetivo específico, sino que, además, salen a la luz muchos otros beneficios, tal vez insospechados. Éstos se relacionan principalmente con las emociones, los afectos, la personalidad, la asimilación, la atención, la deducción, la retención y los sentimientos.

Los lecto-juegos están estructurados para realizarse, ya sea inmediatamente después de una narración oral o lectura en voz alta hecha por el encargado, o bien después de la lectura individual durante la reunión o previa a ella. Esta última forma es muy adecuada, pero obliga a que cada niño tenga su propio libro, lo que no siempre es posible. Los lecto-juegos deberán practicarse en el taller de lectura, el cual se explica en el siguiente capítulo.

En resumen, estos juegos se han practicado con diversos grupos, de distintas edades, y se ha comprobado que los niños no sólo se divierten sino que asimilan mejor la narración o la lectura de las obras, y se interesan por otras más. También estimulan la creatividad de la persona que los conduce, y de los niños participantes.

# 5

# El taller de lectura

**Definición.** Llamamos *taller de lectura* al conjunto de métodos, técnicas y actividades que utilizamos para alcanzar el objetivo de formar niños lectores. Pero ante todo, el taller es realmente un tiempo de recreo, en el que debe prevalecer un ambiente de libertad y respeto a los gustos e ideas de cada niño en particular y del grupo en general, por lo que todas las técnicas que se emplean tienen un carácter lúdico, informal y atractivo.

Lo anterior no significa que no sea necesario planear cuidadosamente cada una de las sesiones. Después de todo, los procedimientos que utilizaremos son parte de un proceso de enseñanza-aprendizaje, con la diferencia de que se trata de "lecciones agradables", que el niño gustosamente irá aprendiendo y asimilando en forma gradual, hasta llegar a recibirse como "niño lector".

**Lugar.** Los talleres de lectura podrán realizarse en cualquier espacio, cerrado o abierto; puede ser la sala de la casa, un rincón en el cuarto del niño, el aula escolar, una biblioteca, el parque, la playa, etcétera.

**Número y edades.** Es aconsejable reunir, para formar parte del taller, a no más de veinte niños y las edades recomendables son de 4 ó 5 a 11 ó 12 años. Conviene que la diferencia de edades de los integrantes del grupo no sea mayor de dos años.

**Frecuencia y duración de las reuniones.** En el caso de los grupos, las reuniones pueden ser una vez por semana, con una duración aproximada de una hora. En el caso del hogar (con familiares únicamente), éstas podrán ser cuantas veces a la semana se desee.

**El ciclo del taller** se divide en tres fases:

1) EL DESPERTAR DE UNA AFICIÓN
2) EL FOMENTO DE UNA AFICIÓN
3) LA CONSOLIDACIÓN

## Objetivos

Hemos planteado que el objetivo general de este taller es formar niños lectores. Aunque éste es el fundamental, para alcanzarlo existen otros objetivos particulares, como son:

El objetivo de las actividades por sí mismas, que es sensibilizar al niño respecto a la lectura y a los libros.

El de las sesiones, es que los niños disfruten y, por medio de la diversión, asimilen la lectura.

Existen también objetivos particulares de cada una de las fases del taller, que se expondrán al hablar de ellas.

**Duración.** La duración global del ciclo del taller, así como de cada una de las fases que lo integran, variará de acuerdo con:

- El número de participantes
- El tiempo empleado en cada una de las reuniones
- La frecuencia de las reuniones
- Las aptitudes de los niños

Normalmente, un taller, integrado por 15 ó 20 niños, con reuniones semanales de una hora, requiere para su primera fase de tres a cuatro meses como mínimo y de 6 a 8 meses para la segunda fase, también como mínimo. En cambio, la tercera fase no tiene más límite de tiempo que el marcado por el deseo de los niños para seguir reuniéndose; no obstante, es aconsejable que no sea menor de seis meses. Las reuniones podrán ser menos frecuentes, pero de mayor duración cada una.

**Cambio a la siguiente fase.** Para determinar el momento en que debe pasarse a la siguiente fase, deberá evaluarse si se ha cumplido ya el objetivo de la anterior. Si es así, y ha transcurrido el mínimo de tiempo señalado arriba, podrá emprenderse la siguiente etapa. A continuación señalo algunos conceptos que permitirán valorar si ha llegado ese momento.

**PRIMERA FASE.** Objetivo general: acercar a los niños a los libros.

Sabemos que el objetivo se ha cumplido cuando los niños consideren a los libros como parte de sus entretenimientos, les guste escuchar lecturas o narraciones, expresen libremente opiniones acerca de la lectura y de los libros, empiecen a leer en privado y se interesen por todas y cada una de las actividades del taller.

**SEGUNDA FASE.** Objetivo general: comprensión de lo leído.

El objetivo se alcanza cuando es claramente evidente que el niño comprende el contenido de la lectura. Lee con placer y se involucra emocionalmente con la narración; lee cada vez más, sobre todo en privado.

**TERCERA FASE.** Objetivo general: consolidar el interés y el goce por la lectura.

El objetivo se habrá alcanzado cuando el niño voluntariamente se ponga a leer obras que le interesen, y aproveche su tiempo disponible para involucrarse con más formalidad en el mundo de la lectura.

## Primera fase
## El despertar de una afición

Provocar emociones en el niño al escuchar una poesía, un cuento, palabras rítmicas; al tocar los libros o acariciarlos con la mirada; ver sus ojos brillar de curiosidad y de interés por lo que narremos o leamos; despertar su sensibilidad, su asombro, el placer por la palabra escrita, son nuestro compromiso y nuestra meta.

En esta fase la tarea es, pues, familiarizarlos y acercarlos a los libros, valiéndonos de rimas, adivinanzas, juegos de palabras, poesía, cuentos en imágenes, lectura de cuentos, fábulas y leyendas, entre otros. Conviene, además, que conozcan una biblioteca, que visiten librerías y ferias del libro; estimularlos con libros adecuados para su edad y sobre todo, que tengan libertad de ver, tocar y sentir los libros.

El objetivo de esta fase es que el niño conozca los libros y sepa que contienen palabras que harán que disfrute, ría, sueñe o... llore.

No se le debe forzar a leer por sí solo. Esta etapa es de preparación para que, en el futuro, él, por su propio gusto y libertad, escoja sus lecturas. Sin embargo, habrá muchos que desde este inicio desearán leer en privado; deberá permitírseles y dejar que disfruten a solas de la lectura.

Esta etapa del taller no está planeada solamente para los más pequeños; recordemos que la mayoría de nuestros niños no tienen gusto por la lectura. Por el contrario, muchos la rechazan, pues generalmente la asocian con una obligación escolar poco grata.

Trabajaremos en "el despertar" de esta afición, con niños cuyas edades fluctúen entre los 5 y 11 ó 12 años. Se trabajará con todos ellos como se ha sugerido, pero la selección del material variará en relación con las diferentes edades e intereses.

En ésta y en las siguientes fases del taller, para deleite de los niños —y nuestro— leeremos y narraremos alguna obra de la literatura infantil. Muchos de ustedes posiblemente tengan dotes naturales para hacerlo, pero no todos las tenemos. Sin embargo, basta con tomar en cuenta las sugerencias siguientes para poder narrar y leer en voz alta, de manera tal que atrapemos la atención y el interés de los niños.

## Narración oral

La narración oral es una comunicación directa entre el narrador y su auditorio, es un arte que requiere preparación. Tendremos que interiorizarnos en el cuento para poder conservar la belleza de éste e imprimir fuerza a nuestra interpretación personal. Conviene preparar un cuento breve, de acuerdo con la edad y los intereses del auditorio, conocerlo y comprenderlo. No se requiere memorizar lo que se va a narrar pero sí se tendrá que practicar la narración cuantas veces sea necesario.

Durante la narración debemos:

— Dar vida al cuento a través del lenguaje del cuerpo.
— Interpretar a los diferentes personajes con cambios de voz, si así lo deseamos.
— Modular la voz, llevar un ritmo adecuado.
— Pronunciar con claridad pero, más aún, sentir, disfrutar y compartir la narración con los oyentes.
— No olvidar dirigirse a todo el auditorio, no fijar la vista siempre en las mismas personas, narrar el cuento, leyenda, etcétera, completo y decir su título y el nombre del autor.

## Lectura en voz alta

Al igual que en la narración, debemos escoger un cuento breve, adecuado a la edad y a los intereses del auditorio, conocerlo y comprenderlo. Además, habrá que seleccionar el vocabulario que se considere desconocido para los niños y, antes de empezar la lectura —para evitar interrupciones durante ella—, explicar por medio de juegos el significado de las palabras nuevas. (Esto se hará durante las primeras sesiones, después se alentará a los niños para que encuentren el significado de una palabra nueva, por el contexto.)

**Ejemplos de lecto-juegos para presentar palabras nuevas:**

## ¿SABES QUÉ QUIERE DECIR?

— Preguntar a los niños, ¿Sabes qué quiere decir la palabra...? Si no lo sabes, adivínalo.
— Representar con mímica adecuada la palabra que intentan adivinar.

## OBSERVA EL DIBUJO Y SABRÁS QUÉ QUIERE DECIR LA PALABRA...

— Hacer dibujos sencillos que ilustren la palabra y mostrarlos a los niños.

## EL TÍTERE SABIO
## (para presentar nuevas palabras)

— Preguntar a un títere el significado de las palabras.

Durante la lectura se debe:
— Elevar el volumen de la voz de acuerdo con el número de oyentes y el tamaño y características del lugar de reunión.
— Pronunciar las palabras con claridad y modular la voz, procurando que el tono no sea plano.
— Hacer ademanes y gestos discretos, pero elocuentes.
— Despegar la vista del libro de vez en cuando y ver al auditorio; de no hacerlo, los niños sentirán al lector muy alejado de ellos.
— Moverse discretamente, no permanecer parado en un mismo sitio.
— Mostrar emociones y que se está disfrutando la lectura.

Después de la narración o lectura en voz alta, se sugiere esperar unos segundos antes de dar cabida a los comentarios, para que los niños terminen de asimilar y disfrutar lo que acaban de escuchar.

Es mejor no mostrar las ilustraciones del cuento, sino hasta después de preguntarles cómo imaginan a los personajes y lugares; así el niño podrá, libremente, crear sus propias imágenes.

Para la lectura o la narración, se sugiere, cuando se trabaje con grupos, acomodar las sillas en semicírculo para estar en contacto directo con ellos.

Durante estas actividades, sobre todo al principio, es natural encontrar niños muy inquietos. No hay que exigirles que estén callados y sin moverse; poco a poco irán desarrollando el arte de escuchar.

Para enriquecer la narración y la lectura en voz alta al terminar éstas hay que propiciar los comentarios, preferentemente espontáneos, acerca del cuento.

De ninguna manera se deberá forzar a los niños a responder a preguntas específicas como: ¿Quién es el personaje principal? ¿Por qué sucedió esto o lo otro? Esto destruye el natural deleite de los niños por la narración o la lectura en voz alta. Se les debe permitir cualquier comentario que quieran hacer. En el caso de que no deseen hacer ninguno de inmediato, se les dará tiempo para que reflexionen y vivan interiormente el cuento.

Debe prevalecer una atmósfera plena de sinceridad, que permita que los niños expresen libremente y sin reservas sus opiniones personales.

Para iniciar los comentarios se debe esperar a que los niños manifiesten alguna opinión. Si no lo hacen podremos hacer algunos comentarios personales tales como: "A mí me gustó mucho el perro flaco, ¿y a ti?" "El gato del cuento es muy valiente y tierno, ¿verdad? ¿Conoces a un perro como el del cuento?", etcétera.

Después de los comentarios se invitará a los niños a recrear el cuento que escucharon por medio de:

— Expresiones gráficas: dibujo, *collage*, pintura (acuarela, pastel)
— Expresiones plásticas: modelado en plastilina, maquetas
— Juegos de imitación y mímica

— Representaciones dramáticas (actores, títeres, máscaras, disfraces)
— Acertijos

La narración oral, la lectura en voz alta y las actividades gráficas, plásticas o dramáticas, son técnicas y actividades en las que se apoyan los lecto-juegos. Por lo tanto, deberán desarrollarse de una manera lúdica para que el niño esté alerta, disfrute las sesiones y no sienta el deseo de faltar a ellas.

A continuación presento un lecto-juego para esta fase del taller. (Para más lecto-juegos, consúltese la tercera parte de este libro.)

## EL CUENTO DE PAPEL

**Propósito:** Comprender lo que se escuchó.

**Material:**
— Tijeras
— Pegamento
— Papel lustre de colores
— Cartón duro o tabla de fibracel (30 por 30 cm aproximadamente, uno para cada niño)

**Desarrollo:**
— Después de leer o narrar un cuento se entrega el material a los niños.
— Se les pide que con recortes de papel, pegados al cartón o fibracel, recreen algún pasaje del cuento (puede ser un paisaje o cualquier otro elemento).
— Se hace una exposición de todos los "cuentos de papel".
— Cada niño escoge cualquiera de los "cuentos de papel", excepto el que él hizo.
— Tres o cuatro niños —escogidos al azar— pasan al frente y dicen qué pasaje creen que recreó el dueño del cuento de papel que escogieron.
— Los demás niños buscan al dueño de su "cuento de papel" para comentarlo con él.

# Resumen de la primera fase

## El despertar de una afición

**Objetivo:** Despertar en los niños el interés y el gusto por los libros y la lectura.

**Medios:**

— Acercarlos y familiarizarlos con los libros.
— Jugar con ellos con rimas, adivinanzas, juegos de palabras, etcétera.
— Narrarles y leerles en voz alta cuentos, fábulas, leyendas.
— Realizar actividades con ellos después de la narración o lectura, tales como:

- Comentarios
- Expresiones gráficas
- Expresiones plásticas
- Juegos de imitación
- Representaciones dramáticas
- Acertijos

## Lecto-juegos

Las técnicas y el método que se utilizan están basados en el juego, como una forma de desmitificar la lectura y acercar a los niños a ella, de una manera natural y divertida. La idea es que la lectura llegue a formar parte de su mundo fantástico e imaginativo, fácil y paulatinamente.

# Segunda fase
# El fomento de una afición

El niño que se ha divertido y emocionado con la palabra escrita, que ha disfrutado del arte de la narración y la lectura en voz alta, y para quien los libros ya no son ajenos, está preparado para emprender la aventura de la lectura individual. En esta fase del acercamiento a la literatura, debemos guiar al niño para que comprenda la lectura, la goce y la aprecie. Cuando se llega a esta etapa, algunos niños ya asimilan y disfrutan la lectura y no requerirán las técnicas que se sugieren; están ya capacitados para escoger sus lecturas y deleitarse con ellas en la intimidad. Sin embargo, es indudable que se divertirán participando en los juegos que se recomiendan en esta fase.

A diferencia de las técnicas en las que se le dio al niño libertad absoluta de expresión (el objetivo primordial era despertar interés por la lectura y el esparcimiento), las técnicas que a continuación se exponen tienen como objetivo principal la comprensión de la lectura, para que, además de disfrutarla, se induzca al pequeño lector a valorar su calidad estética y literaria y a profundizar en los temas. Sin perder su carácter de juego y diversión deberán llevarse a cabo en un ambiente agradable y cordial. Serán más controladas, pero siempre respetando la libertad de expresión de los niños. Para alcanzar el objetivo, su preparación tendrá que ser muy cuidadosa.

Para que el niño comprenda la lectura, es necesario que lea con **atención** y se interese por todo el texto, desde lo sobresaliente hasta los pequeños detalles. Sin embargo, nunca deberá hacerse hincapié en este hecho. Para lograrlo habrá que valerse de ciertas técnicas y estrategias.

Para entender un cuento, se guiará al niño a apreciar, primordialmente: cómo son los personajes —sus cualidades y defectos—, el tiempo y el lugar, el sentido de las palabras, el orden cronológico de los acontecimientos, los detalles aparentemente insignificantes pero que deben tomarse en cuenta, el tema y los valores del cuento.

En esta fase no nos basaremos solamente en la lectura en voz alta y en la narración; empezaremos a motivar a los niños para que lean en privado y los iniciaremos en la expresión oral y escrita, a través de los lecto-juegos recomendados. Éstos deberán ser siempre una sorpresa. Los niños no estarán enterados de antemano de qué juego jugarán y aunque algunos de ellos están basados en preguntas y respuestas, se evitará realizarlos como si fuera una prueba escolar. Deberá prevalecer, insisto, un ambiente de libertad e informalidad, en donde el niño se sienta con confianza de equivocarse sin temor a ser reprendido.

Los cuentos que se utilicen deberán seleccionarse de acuerdo con la edad de los integrantes del grupo. La extensión debe ser adecuada al plan de trabajo de cada sesión y a la edad de los niños. Algo muy importante es que ellos podrán, si lo desean, escoger los cuentos de su preferencia siempre que éstos —a juicio del encargado— reúnan las características requeridas.

Después de la lectura, antes de empezar el juego, deberá alentarse a los niños para que hagan comentarios sobre lo que han escuchado o leído, o simplemente para que exterioricen sus impresiones.

El promotor debe familiarizarse con el juego que desarrollará y preparar con anticipación los materiales necesarios.

En cada sesión, al finalizar el juego, conviene hacer una evaluación acerca de:

- Si los niños estuvieron o no interesados en las actividades.
- Si comprendieron el contenido de la lectura.
- Si les gustó o no el texto en cuestión.
- La atención, actitud y aptitudes de los niños.
- Las dificultades que se hayan presentado.

Esta evaluación le permitirá planear la siguiente reunión, modificando lo que juzgue conveniente.

**Ejemplo de un lecto-juego para esta fase:**

## ¿QUIÉN ESTÁ ESCONDIDO?

**Propósito:** Distinguir y comprender las características de los personajes.

**Preparación:**
— Seleccionar un cuento en el que aparezcan varios personajes.
— Hacer una lista de ellos.
— Dibujar cada uno de los personajes —por separado— o escribir su nombre en una cartulina pequeña.

**Desarrollo:**
— Se esconde una de las cartulinas en algún lugar del salón, sin que los niños sepan cuál es el personaje.
— Se pregunta ¿quién está escondido?
— Se dan pistas sobre el vestuario, los sentimientos, el físico, las acciones de los personajes, etcétera.
— Cuando alguno acierte, se muestra la cartulina.
— Se hace lo mismo con el resto de los personajes.

**Variación I:**
— Se pide a uno de los niños que salga, si están en un salón, o que se aleje, si están al aire libre.
— Mientras está fuera, se esconde una cartulina en el lugar que escoja el grupo.
— Se pide al niño que entre y busque al personaje escondido.
— El grupo lo guiará aplaudiendo débilmente cuando esté lejos del escondite, más fuerte cuando esté cerca y muy fuerte cuando esté frente a él.
— Cuando el niño encuentra al personaje, desdobla la cartulina, lo ve, pero no lo enseña a sus compañeros y empieza a dar las pistas para que adivinen de quién se trata.

**Variación II:**
— Esconder el personaje
— Dar su nombre

Preguntar:          ¿Recuerdas cómo viste?
                    ¿Recuerdas cómo es?
                    ¿Es travieso/simpático/alegre...?
                    ¿Recuerdas si hizo algo especial?

**Ejemplo:**

# Cuento
# "C' JUAC" (PÁG. 23)

PERSONAJES   PISTAS

Chíatl        Algunos le decían "jade pequeñito".
              Tenía muchos deseos de cantar.
Pinacate      Tenía fama de sabio.
              No pudo ayudar a la hermosa dama verde.
Víbora        Tenía malas intenciones, quería hacerle
              daño a la ranita.
Zanate        Fue el único que pudo ayudar a la pequeña
              Chíatl.
Genios        Chíatl soñó que hablaba con ellos.

## Resumen de la segunda fase

### El fomento de una afición

**Objetivos:**
— Mantener y reforzar las inquietudes y el interés naci-
dos en la fase anterior.
— Propiciar la comprensión de la lectura para valorarla y
gozarla.
— Iniciar a los niños en la expresión oral y escrita.

**ACTIVIDADES:**
Lecto-juegos que permitan al niño adentrarse en la lectura y
le den elementos para desarrollar su expresión oral y escrita.

El ambiente del taller debe continuar siendo alegre, libre,
divertido.

## Tercera fase
## La consolidación

**OBJETIVO:**
Consolidar el interés y el goce por la lectura.
En esta fase el niño ya deberá interesarse por sí mismo en
la lectura privada y voluntaria. El taller será más "formal"; se
podrán utilizar las estrategias de la fase anterior, pero el gra-
do de dificultad deberá aumentarse. Se incluirán, además:

### Debates

Premeditadamente se da una opinión contradictoria sobre la
lectura, algún personaje, acontecimiento, etcétera, con el objeto de propiciar un debate entre los niños. Habrá que ser
muy cuidadoso y no permitir que termine en "pelea".

### Lecturas comentadas

Con anticipación se hace saber a los niños que habrá una
sesión para comentar alguno de los libros que han leído. El
día indicado el encargado empieza haciendo comentarios
personales sobre el libro; qué sentimientos le despertó, qué le
llamó la atención, qué valores encontró, después cederá la
palabra a alguno de los niños y alentará a todos a hacer comentarios profundos sobre el libro en cuestión.

### Reseñas de libros

Se les pedirá a los niños que destaquen los puntos principales, resuman la trama (se aconseja que lo hagan por escrito) y

que la reseñen a sus compañeros, quienes tomarán notas y prepararán preguntas que se harán al final.

## Conferencias

Los niños podrán preparar una conferencia tomando en cuenta, entre otros, los siguientes puntos:
— Tema
— Valores
— Personajes
— Trama

Podrán utilizar apoyos visuales como:
— transparencias
— carteles
— dibujos
— música

Al terminar el ciclo del taller, cuando los niños ya son lectores voluntarios, es conveniente propiciar la formación de grupos de "amigos de la lectura", con el fin de dar seguimiento a la labor desarrollada. Se les invitará a que se reúnan esporádicamente a convivir y a platicar sus experiencias en torno a los libros y a sus lecturas, y a sentirse orgullosos por cada libro leído.

# TERCERA PARTE

## Lecto-juegos

# 6

# Lecto-juegos en acción

## Consideraciones

Como se explicó anteriormente, los **Lecto-juegos** son la base del método que utilizamos para interesar a los niños en la lectura, con el propósito de que no la vean como una actividad tediosa o un castigo, sino como una fuente de alegría y conocimientos. Le ayudarán —además— a fomentar su creatividad, a estimular su curiosidad y su espíritu investigador.

Los lecto-juegos que presentamos a continuación, no obstante su sencillez, han sido perfectamente estudiados y estructurados para guiar a los niños en la comprensión e interpretación de un texto. Algunos están planeados para distinguir a los personajes principales de los secundarios. Otros están enfocados a la acción: saber ¿qué pasa?, ¿dónde sucede?, ¿cómo sucede?, su duración, conocer el argumento (sucesión de hechos que integran la acción), etcétera.

Con anterioridad expusimos que nuestros Lecto-juegos pueden utilizarse con niños de cualquier edad; lo que variará es el material de lectura, que, en todos los casos, debe ser el adecuado a la edad, los gustos, los intereses y etapa lectora de los integrantes del taller. Insistimos en que el método debe adaptarse a los niños y no los niños al método. En el capítulo 2 explicamos en forma sencilla las características esenciales de una buena selección del material de lectura y los formularios correspondientes para ayudarse en ella. En el apéndice de este libro encontrará material de lectura que puede utili-

zar y que, estudiado cuidadosamente, servirá de orientación
para que seleccione otras lecturas.

Asimismo, los lecto-juegos que presentamos pueden apli-
carse en cualquier fase del taller, teniendo siempre presente
que la forma de plantearlos deberá ser diferente para cada
edad, de modo tal que los mayorcitos no sientan que son juegos para "bebés".

Queda claro, entonces, que los lecto-juegos pueden y deben ser modificados según las circunstancias particulares de
cada grupo, cuidando que cuando se adapte, modifique o in-
vente un nuevo juego, no se pierda de vista el propósito u objetivo principal: que el niño guste de la lectura, se adentre en
el contenido del texto para que pueda comprenderlo e inter-
pretarlo, pero sobre todo, que disfrute.

Es importante hacer notar que las técnicas de dibujo, pintura, modelado, aunque coadyuvan a la realización de los lecto-juegos, tienen un papel secundario dentro de la actividad
misma. Requiere especial atención el no caer en el perfeccio-
nismo de las actividades manuales, especialmente de aquellas
que no tengan relación con nuestro objetivo básico o con la literatura. Fácilmente podría convertirse un taller de lectura
en un taller de actividades manuales, desvirtuándose el concepto original y perdiéndose de antemano los beneficios que
se perseguían.

**Los lecto-juegos son actividades que propician el interés
del niño en la lectura de una manera agradable. No son juegos comunes que sirvan únicamente para divertirlo o entre-
tenerlo.**

Los lecto-juegos que incluimos han sido cuidadosamente
planeados y probados con varios cientos de niños, compro-
bándose su eficacia plenamente. Sin embargo, no funcionan
por sí mismos; es necesario que el promotor (para atraer a los
niños) les imprima entusiasmo, los planee y prepare cuidadosamente, tenga a la mano el material necesario, organice a los
niños, se interese en buscar nuevos materiales de lectura y, de
ser posible, forme una pequeña biblioteca.

Debe estar preparado para hacer, cuando sea necesario,
modificaciones sobre la marcha, ya que no todos los niños res-
ponden del mismo modo, pero, especialmente, no debe de-
jarlos "caer". Para que el método funcione, de todo a todo, el

promotor tiene que conocer a fondo el material de lectura, sentirlo y disfrutarlo; es muy difícil transmitir entusiasmo si a uno mismo no le gusta el material que va a presentar. Algunos adultos parecen avergonzarse o no sentirse a gusto si participan en juegos infantiles, pero eso no tiene razón de ser. Este método se ha probado con grupos de adultos y todos ellos disfrutaron con él.

# Lecto-juegos

## TE LO DIGO CON MI CUERPO, TE LO DIGO CON MIS GESTOS

**Propósito:** Distinguir diferentes argumentos.

**Desarrollo:**
— Se narran o leen en voz alta dos o tres cuentos muy breves.
— Se divide el grupo en equipos de cuatro niños.
— Cada equipo escoge uno de los cuentos y se prepara para representarlo por medio de gestos y expresión corporal.
— Cuando están listos, cada equipo pasa a representar su cuento y los espectadores deben adivinar de cuál cuento se trata.

**Nota:** Conviene tener a la mano los libros de los cuentos que se usaron, por si los niños necesitan consultarlos para preparar su representación.

## REPRESENTACIÓN DRAMÁTICA

**Propósito:** Estimular la atención.

**Desarrollo:**
— Se divide el grupo en equipos y se les pide que "ensayen" una representación teatral del cuento.
— Se reparten los papeles.
— Los equipos pasan, uno por uno, al frente.
— El promotor vuelve a leer el cuento y el equipo lo va representando.

**Nota:** Ésta debe ser una actividad muy flexible y libre. Se permitirá que los niños se expresen como ellos quieran.

# LA LOTERÍA

**Propósito:** Descubrir personajes, lugares y cosas.

**Material:**
— Hojas blancas tamaño carta
— Lápices
— Crayolas o lápices de colores
— Frijoles

**Desarrollo:**
— Se entrega a cada niño una hoja en blanco, un lápiz, lápices de colores, y una pequeña cantidad de frijoles.
— Dividen con rayas la hoja de papel en seis cuadros iguales y en cada uno dibujan algún personaje, lugar o cosa del cuento.
— Se vuelve a leer el cuento y cada vez que se mencione alguno de los personajes, cosas, etcétera, que aparezcan en sus dibujos, deberán poner un frijol, y cuando hagan lotería, lo anunciarán.

**Variación:**
— Se puede seguir jugando, poniendo en cada cuadro, todos los frijoles que sean necesarios.

**Nota:** en lugar de usar frijoles, los niños pueden marcar los dibujos con una palomita.

# EL CUENTO CONGELADO

**Propósito:** expresar y representar la comprensión del texto.

**Desarrollo:**
— Dividir al grupo en equipos de tres o cuatro niños.
— Pedirles que representen una escena "congelada" del cuento, es decir, que adopten una determinada posición y que no se muevan (se aconseja que practiquen hasta que estén satisfechos con su escena).
— Cuando están listos, se pide a cada equipo que pase al frente y presente a los demás su escena "congelada". Todos tratan de adivinar cuál es y los protagonistas les dicen si acertaron o no.
— Se continúa de la misma manera hasta que todos hayan pasado al frente.

**Sugerencia:**

Al finalizar se puede votar para ver qué grupo presentó la escena con más claridad.

# ¿QUIÉN SOY?

**Propósito:** Distinguir claramente personajes y cosas.

**Material:**
— Papel crepé de diferentes colores
— Cinta adhesiva
— Tijeras para cortar papel
— Tarjetas

**Desarrollo:**
Previamente se escribe en cada tarjeta el nombre de un personaje o de cualquier animal o cosa que aparezca en el cuento que se leerá.
— Después de narrar o leer el cuento se informa que se les dará papel de colores y cinta adhesiva, para que hagan el disfraz del personaje o elemento que aparezca en la tarjeta que recibirán, el cual se pondrán llegado el momento.
— Se reparten las tarjetas y el material.
— Los niños trabajan por parejas; al terminar, uno ayuda al otro a disfrazarse.
— Cuando todos estén listos se hace un desfile. Cada niño se presenta y actúa alguna parte del cuento, que corresponda a su personaje o elemento (en caso de que no sepan qué hacer, habrá que darles algunas ideas).

**Variación:**
— Uno por uno, los niños pasan al frente y sus compañeros tratan de adivinar qué personaje es. Si adivinan tendrán que decir algo que recuerden de ese personaje o elemento del cuento.
— Se vuelve a leer el cuento, y cuando el personaje escucha su nombre pasa al frente y actúa.

# ¡NO ES CIERTO!

**Propósito:** Estimular la capacidad de concentración y retención.

**Desarrollo:**
— Se divide el grupo en equipos de tres o cuatro niños.
— Los integrantes de cada equipo vuelven a contar, entre ellos, el cuento, para recordarlo.
— Después se pide a uno de los equipos que cambie los nombres de algunos de los personajes, a otro el de algunos lugares, a otro el de algunas cosas, etcétera y que practiquen el cuento como está "cambiado", para que lo narren, en esa forma, a sus compañeros.
— Cuando estén listos, un representante de cada equipo pasa a contar el cuento "cambiado"; los otros equipos corrigen oralmente los cambios al percatarse de ellos.

(Este juego puede causar desorden pues, por lo general, todos hablan al mismo tiempo. Tendrá que correrse el riesgo y permitir que todos se expresen cuando lo deseen. Tratar de poner orden inhibiría el deseo de participar.)

**Variación:**
En lugar de formar equipos se puede solicitar a cada niño que haga algún cambio al cuento (solamente se pueden cambiar nombres, lugares o cosas, no la idea en sí).

Después, por parejas se cuentan el cuento uno al otro y cada vez que detecten un cambio dirán "no es cierto" y mencionarán la palabra verdadera.

El encargado se limita a supervisar.

# VISTE AL PERSONAJE

**Propósito:** Comprensión de la lectura, identificación de los personajes.

**Material:**
— Papel de diferentes colores
— Tijeras
— Cartulina

**Preparación:**
— Dibujar en cartulinas, por separado, la silueta de cada uno de los personajes del cuento (un personaje por niño).

**Desarrollo:**
— Se entrega, al azar, a cada niño, la silueta de uno de los personajes, junto con papeles de colores y tijeras.
— Se les pide que después de identificar al personaje, lo recorten.
— Se les informa que, con papel, harán ropa para vestirlo. (mostrarles cómo poner "pestañas" a la ropa para que se detenga del muñeco).
— Se fija un tiempo razonable para terminar la tarea.
— Cuando terminan se vuelve a narrar o leer el cuento para que puedan hacer, si es necesario, modificaciones.
— Para finalizar, se indica a los niños que muestren a sus compañeros el personaje que vistieron y les pidan que lo identifiquen.

**Nota:** Es conveniente advertirles que no se espera que hagan "obras de arte", que pueden hacer el vestuario a su gusto y con entera libertad.

**Sugerencia:**
Hacer una exposición.

# SOPA DE LETRAS

**Propósito:** Que los niños aprendan a distinguir los personajes, lugares y objetos de un cuento.

**Desarrollo:**
— Se pide a los niños que hagan (en secreto) una lista de personajes, de lugares u objetos del cuento.
— Se reparten hojas con cuadrícula grande.
— Los niños, con los nombres de su lista, hacen una sopa de letras (mostrarles algunos ejemplos).
— Cuando la terminen, la intercambian con un compañero para resolverla (trabajo en parejas).
— Una vez resuelta, la regresan al niño que se la dio y la revisan entre ambos.

El encargado supervisa el trabajo.

**Ejemplo:**

## Cuento
## "EL CIRCO QUE VINO DE LA LUNA" (pág. 152)

Objetos

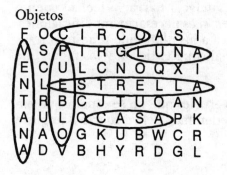

# REVOLTIJO

**Propósito:** Recordar lo que se ha leído.

Esta estrategia podrá ser desarrollada después de que los niños hayan leído varios cuentos (no antes de tres sesiones).

**Desarrollo:**
— Se divide el grupo en equipos.
— Cada equipo prepara preguntas relacionadas con todos los cuentos que hayan escuchado. Por ejemplo: ¿Cómo se llama el niño del cuento X? ¿Cómo se llama el cuento de la abeja traviesa?
— Los equipos se alternan para preguntar.
— Se lleva la cuenta de los aciertos (optativo) y al final se declara al equipo con más aciertos: "Los niños recuerdatodo", o de cualquier otra manera.

**Nota:** No se recomienda dar premios a los vencedores.

# EL CORREO

**Propósito:** Hacer que los niños relaten, en forma coherente, un cuento que hayan leído y sea de su agrado.

**Desarrollo:**
— Se pide a los niños que escriban a un amigo una carta y le platiquen "de qué trata el cuento que leyeron" y lo inviten a leerlo.
— Asegurarse de que los niños envíen las cartas a sus amigos, usando el correo.

**Variación:**
Se pueden hacer tarjetas con una hoja de cartulina doblada por la mitad. En la parte de afuera pueden hacer una ilustración referente al cuento y en el interior escribirle a su amigo.

# LOS INTRUSOS

**Propósito:** Ejercitar la memoria.

**Material:** Tiras de papel y una pelota de goma.

**Preparación:**
Seleccionar un cuento con varios personajes (extensión y tema de acuerdo con la edad de los niños).
— Hacer una lista de personajes y lugares que aparezcan en el cuento.
— Agregar a la lista personajes y lugares.
— Poner en cada una de las tiras de papel el nombre de un personaje o de un lugar, falso o verdadero.
— Hacer, en la pelota de goma, una ranura en la que quepa la tira de papel.

**Desarrollo:**
— Se recuerda el cuento: los niños lo cuentan o el encargado lo narra.
— Se hacen comentarios.
— Se mete una tira de papel, con el nombre de un personaje o de un lugar, en la pelota y se le lanza a un niño.
— El niño elegido saca la tira de papel y lee en voz alta el nombre del personaje o lugar en ella escrito, y dice si es o no "intruso"; después, devuelve la pelota, vacía, al encargado.
— Se hace lo mismo con el resto de las tiras y de los niños.
— Cada niño se queda con la tira que le tocó y, al final, el encargado vuelve a leer la lista de personajes y lugares, verdaderos y falsos, para que todos comprueben sus respuestas.

**Variación I:**
Entregar a cada niño una lista de los personajes y lugares, verdaderos y falsos, y pedirles que marquen con una cruz a los intrusos.

**Variación II:**
— Dividir al grupo en equipos.
— Cada equipo hace una lista de lugares y personajes, verdaderos y falsos.
— Los equipos intercambian las listas y marcan en ellas a los intrusos.
— Cuando terminan, cada equipo dice a los demás los nombres de los lugares y personajes que marcaron como intrusos; los otros equipos los corregirán en caso de error.

**Ejemplo:**

## Cuento
## CRÓNICAS DE VUELO (pág. 7)

Personajes y lugares:

| VERDADEROS | FALSOS |
|---|---|
| cóndor | gavilán |
| águila | canario |
| paloma | faisán |
| pichones | Mario |
| Mariquita | Lalo |
| Luis | tórtola |
| gorrión | Raúl |
| nube estación | nube tren |
| nube autobús | Venus |
| Marte | nube aeropuerto |
| Plutón | Mercurio |

# EL AVIÓN

**Propósito:** Recordar los nombres de cuentos que han sido leídos en reuniones anteriores.

**Preparación:**
Pintar en el suelo un "avión" y escribir en cada casilla el título de uno de los cuentos (pueden repetirse algunos, si el número de títulos no es suficiente).

**Desarrollo:**
— Se escoge al azar a un niño para que juegue al avión.
— Los demás acuerdan con el encargado un número, que no deberá saber el niño que jugará al avión.
— Después se forman alrededor del avión y leen en silencio los títulos de los cuentos ahí anotados.
— Una vez leídos los títulos, se voltean de espaldas al avión y a su compañero.
— Cuando el encargado se los indique, comienzan a contar en voz alta y el niño del avión empieza a jugar.
— Dejan de contar cuando lleguen al número convenido entre ellos y el encargado; el niño del avión se detiene y no se mueve de su casilla.

Se vuelven y ven en qué "cuento" está parado su compañero, quien les platica brevemente de qué trata el mismo y los demás agregan todo lo que haya omitido. Si el niño del avión no recuerda el cuento, entre todos le ayudan a hacerlo y al terminar, otro niño pasa a ocupar el lugar de su compañero en el avión. Se empieza el conteo de nuevo y el niño empieza a jugar desde la casilla donde terminó el anterior. Se repite el juego hasta que se hayan platicado todos los cuentos o hasta que decaiga el interés.

# RELEVOS

**Propósito:** Ejercitar la memoria. Distinguir un cuento de otro.

**Material:**
— Cartones de aproximadamente 20 x 20 cm
— Dos tiras de cartulina
— Plumones, crayones, lápices de "colores vivos"
— 3 canastas o cajas de cartón

**Preparación:**
— Seleccionar dos cuentos cortos.
— Leerlos cuidadosamente y seleccionar personajes, lugares, cosas, etcétera de cada uno de ellos.
— Con los cartones, hacer fichas con dibujos o nombres de los personajes, lugares o cosas que se seleccionaron. (Para los más grandes se pueden incluir fichas con algunas frases "clave" de cada uno de los cuentos.)
— Se escribe en cada tira de cartulina el título de uno de los cuentos.

**Desarrollo:**
— Se divide al grupo en dos equipos.
— Se meten las fichas en una de las canastas o cajas y se coloca en el suelo, en un extremo del salón. A cada una de las otras dos canastas se le pegan las cartulinas con los títulos de los cuentos y se colocan también en el suelo, en el otro extremo del salón.
— Se pide a ambos equipos que formen, cada uno, una fila frente a la canasta con las fichas.
— A la voz de "arrancan", los niños que encabezan cada fila toman una ficha de la canasta, y deciden a qué cuento pertenece. Caminan lo más rápido posible, SIN CORRER, hacia las canastas de los cuentos, para poner la ficha en la que piensan que corresponde. Regresan, SIN CORRER, y tocan la mano del compañero que espera a la cabeza de la fila, quien hará lo mismo que el anterior.
— El equipo que termine primero será declarado "los Veloces".
— Al terminar los relevos, se sientan alrededor de las canastas de cuentos y van sacando, una por una, las fichas y declaran si pertenecen o no al cuento.

**Variación:** Cuando los niños estén familiarizados con el juego se les puede pedir que ellos mismos preparen el material.

# EL JUEGO DE LAS LETRAS

**Propósito:** Ejercitar la memoria. Estimular la atención. Ejercitar la expresión escrita.

**Material:**
— Cartones de 20 x 20 cm
— Plumones
— Grabadora
— Casete con música alegre

**Preparación:**
Escribir en cada cartón una letra del abecedario (las más usuales para formar palabras).

**Desarrollo:**
— Se colocan los cartones en el suelo formando un círculo.
— Los niños, a su vez, forman un círculo alrededor del de los cartones.
— Caminan alrededor del círculo de letras, al compás de la música o de palmadas cuando no se cuente con ella. Se suspende la música a diferentes intervalos y en ese momento deben detenerse, pensar en una palabra que empiece con la letra que al parar les quedó más cerca, y que tenga algo que ver con el cuento que se leyó o narró.
— El encargado pide a uno de los niños que diga la palabra que pensó. Todos están atentos para decir si ésta representa o no algo del cuento, y, si es necesario, dan alguna explicación.
— Se sigue el juego hasta que el interés decaiga o cuando el encargado lo estime conveniente.

**Variación:**
Se escriben, en un pizarrón o en una hoja de papel, las palabras conforme las van diciendo los niños y al final se les pedirá:

a) que escriban lo que recuerden del cuento usando esas palabras.
b) que las utilicen para inventar otra historia.

# SIGUE LA HISTORIA

**Propósito:** Distinguir el orden cronológico de la historia y ejercitar la memoria.

**Preparación:**
— Seleccionar un cuento que muestre claramente el orden de los acontecimientos, que los niños deberán leer en su casa (dar una semana de plazo, cuando menos, para que lo hagan).
— Copiar el cuento y dividir la copia en secciones.
— Pegar cada sección en una cartulina.

**Desarrollo:**
— Repartir las cartulinas y explicar a los niños que en ellas encontrarán solamente una parte del cuento. (Deberán leerla en silencio.)
— El niño que tenga el principio del cuento pasa al frente y lo lee.
— Inmediatamente después, el que tenga la parte siguiente pasa también al frente a leerla y así sucesivamente, hasta terminar el cuento. (Si alguno se equivoca el resto del grupo lo corregirá.)
— El encargado sigue la lectura en el libro. Si se han equivocado se los hace notar para que corrijan.

**Ejemplo:**

## Cuento
## UN VIAJE AL PASADO (pág. 10)

1) HABÍA OÍDO HABLAR TANTO DE ÉL Y SUS PECULIARIDADES QUE NO RESISTÍ LA TENTACIÓN DE....

2) IR A BUSCARLO. EL VIAJE FUE LARGO, HASTA AUSTRALIA. PERO VALIÓ LA PENA. CUANDO LO ENCONTRÉ SALÍA DEL...

3) BAÑO; DESPUÉS SUPE QUE ERA UN ESPLÉNDIDO NADADOR. ME MIRÓ CON CURIOSIDAD Y EMPEZÓ VANIDOSO A PEINARSE, USANDO PARA ELLO LAS...

4) GARRAS DE SUS PATAS TRASERAS. PERDONE ¿SU NOMBRE ES *PATO*? —DIJE AL VER SU PICO Y SUS PATAS...

5) PALMEADAS. ME OBSERVÓ CON ASOMBRO, SIN CONTESTAR. —¡OH, NO!, DISCULPE, ES *CASTOR* —CORREGÍ AL CONTEMPLAR SU COLA. NO CONTESTÓ...

6) UNA SOLA PALABRA.
   — DEBE SER UN REPTIL PUES PONE HUEVOS BLANCOS O QUIZÁ... UN MAMÍFERO, YA QUE TIENE PELO Y DA...

7) LECHE A SUS HIJOS. ESTA VEZ NO PUDO RESISTIR Y DIJO...

8) —EN REALIDAD, SOY TODOS ELLOS, ¡CUAC! O MÁS BIEN, UNA MEZCLA DE ELLOS, ¡CUACUAC! SU VOZ SONABA CONOCIDA...

9) —ALGUNOS ME HAN LLAMADO ESLABÓN PERDIDO; OTROS, FÓSIL VIVIENTE, PERO LA MAYORÍA ME...

10) CONOCE COMO *ORNITORRINCO*...

11) —¿ES CIERTO QUE ES USTED ENOJÓN Y VENENOSO? —PREGUNTÉ...

12) —BUENO, SI ME MOLESTAN MUCHO ME ENOJO COMO CUALQUIERA Y ME DEFIENDO CON MI ESPOLÓN QUE ES ALGO VENENOSO —DIJO, MIENTRAS LO MOSTRABA EN LA CARA INTERNA DEL TOBILLO, ¿QUIERE PROBARLO?...

13) —NO, POR AHORA PREFERIRÍA VERLO NADAR...

14) SIN HACERSE DEL ROGAR, SE ZAMBULLÓ EN EL ARROYO, HABIENDO CUBIERTO PREVIAMENTE SUS OJOS Y OÍDOS CON UN PLIEGUE DE SU PIEL...

15) A MANERA DE GORRA DE NADAR, Y DESAPARECIÓ RÁPIDAMENTE DE MI VISTA.

# BUSCA A TU COMPAÑERO PERO... ¡NO LE HABLES!

**Propósito:** Evaluar la comprensión de los niños.

**Material:** Tarjetas tamaño carta, cordón.

**Preparación:**
— Escoger oraciones o frases "clave" y escribir en una tarjeta el principio y en otra el final de cada oración o frase.
— Poner un cordón a cada tarjeta para que los niños se las cuelguen como collar.

**Desarrollo:**
— Se reparten las tarjetas.
— Se pide a los niños que las lean y se las cuelguen al cuello.
— Se explica que las oraciones están incompletas (en unas tarjetas está el principio y en otras el final).
— Se indica que se levanten de sus lugares y busquen la tarjeta que tenga la parte de la oración que le falta a la suya.
— Cuando la encuentren, ambos se paran al frente del salón.
— El encargado lee en voz alta las oraciones de cada pareja y pregunta al resto del grupo si es correcta o no.

**Variación:**
Después de que hayan encontrado a su pareja, volver a leer el cuento. Los niños deben estar atentos y si se han equivocado, buscarán a la pareja que realmente les corresponda.

**Ejemplo:**

## Cuento
## LA PULGA (pág. 148)

Ésta era una pulga que vivía...
muy a gusto en una cabeza.

El tiempo pasó y la cabeza...
empezó a perder pelo.

La pulga que estaba dormida en un pelo cayó...
y cuando se dió cuenta estaba en el suelo.

Buscó comida y dónde vivir...
pero no encontró nada.

Oyó un ruido aterrador...
era la terrible aspiradora.

Sintió que algo la arrastraba hacia atrás...
salió volando y perdió el conocimiento.

Cuando volvió en sí...
estaba en un lugar oscuro.

Logró saltar fuera...
y cayó en una superficie fría y húmeda.

Se dirigió al perro...
siempre había soñado con una mansión.

Vio a una bella pulga...
tenía patas rojas y rechonchas.

Fue como amor a primera vista...
estaban enamorados.

A su boda invitaron...
a muchas chinches y pulgas.

Vivieron felices...
por la eternidad.

## Cartones:

> Ésta era una pulga que vivía

> muy a gusto en una cabeza.

# DI POR QUÉ

**Propósito:** Fomentar la comprensión del texto.

**Material:**
— Grabadora y casete o radio
— Gises de colores
— Tarjetas

**Preparación:**
Preparar una lista de oraciones, tomadas de un cuento, como la siguiente:
"El niño lloró mucho porque..."
— Escribir cada oración en una tarjeta.

**Desarrollo:**
— Se pinta en el suelo una marca amarilla y otra azul, bastante separadas entre sí.
— Se reparten las tarjetas a los niños.
— Se les informa que el juego se llama "DI POR QUÉ". Que caminarán en círculo al ritmo de la música y cuando ésta se detenga ellos también dejarán de caminar. El niño que haya quedado más cerca de la marca amarilla leerá la oración que aparezca en su tarjeta y el que quedó más cerca de la marca azul deberá completarla.

**Ejemplo:**

## Cuento
## PERICO GRAN ABUELO (pág. 153)

Periquito y Chiri cerraron los ojos fuertemente porque...
(pensaban que así podrían llegar al pasado).

Periquito se puso muy contento cuando abrió los ojos porque...
(llegó al pasado, al lugar más bello del mundo).

Periquito vio muchas canoas porque...
(la ciudad no tenía calles sino lagos y canales).

Fueron a casa de Gran Abuelo en canoa porque...
(era la única forma de llegar a su casa).

Los tambores tocaban en lo alto de los teocallis porque...
(como era muy temprano estaban saludando a la mañana).

El dueño de Gran Abuelo era muy importante porque...
(era artesano y hacía joyas para los reyes).

Fueron a ver cómo se hacían las joyas porque...
(Periquito quería ver cómo se hacían).

Pasaron por inmensos salones y corredores porque...
(el palacio era muy grande).

Periquito pegó un salto cuando llegó al taller porque...
(descubrió un inmenso tesoro).

Periquito trató de llenar una olla de piedras preciosas porque...
(quería que Chiri viera las joyas y le creyera su viaje al pasado).

Periquito se fue de ahí a toda prisa porque...
(un guardia pensó que era un ladrón y lo quería llevar al emperador).

Perico Gran Abuelo le regaló una obsidiana como recuerdo,
pero le pidió que no la mostrara a nadie porque...
(Gran Abuelo perdería sus poderes).

Chiri abrió los ojos y estaba muy contento porque...
(según él, ni Periquito ni él se habían movido de su lugar como él había asegurado a Periquito que pasaría).

# ME LEVANTO Y TE LO DIGO

**Propósito:** Ejercitar la atención, la memoria y la comprensión.

**Material:**
Tarjetas o pedazos pequeños de papel.

**Preparación:**
— Hacer una lista de preguntas tomando en cuenta todos los detalles del cuento.
— Escribir las respuestas a las preguntas, cada una por separado, en una tarjeta (deberá haber tantas tarjetas como niños en el grupo).

**Desarrollo:**
— Se reparten las tarjetas.
— Se comunica a los niños que en la tarjeta está escrita la respuesta a una de las preguntas que usted hará; que la lean con cuidado y al escuchar la pregunta que corresponda a esa respuesta se pongan de pie y la lean.
— Se leen, en orden, una por una, las preguntas.

**Variación I:**
En lugar de una lista de preguntas, escribir cada una, por separado, en una tarjeta.
— Hacer un duplicado de las tarjetas de las preguntas y de las respuestas.
— Entregar a cada niño seis tarjetas de preguntas, con sus respectivas tarjetas de respuestas.
— Pedirles que escojan qué respuesta pertenece a cada pregunta.
— Leer entonces la pregunta y la respuesta.

**Ejemplo:**

## Cuento
## EL CUERO QUE QUERÍA SER CINTURÓN (pág. 149)

¿Dónde se encontraba el cuero que iba a ser zapato?
En la fábrica 3 Hermanos.

¿Por qué no quería el cuero ser zapato?
Porque se iba a raspar y le iba a doler.

¿Qué era el hermano del cuero?
Un zapato tenis.

¿Con qué le pegaban al tenis, hermano del cuero?
Con un balón.

¿Dónde se escondía el cuero?
Debajo de todos los cueros.

¿Dónde vio el tenis roto a su hermano el cuero?
En la zapatería.

¿Por qué llegó el tenis a la zapatería?
Porque su dueño fue a comprar otros tenis, pues él ya estaba
roto.

¿Por qué fue feliz el tenis roto?
Porque su dueño metió muchos goles con él.

¿Qué pasó el día que estrenaron al tenis roto?
Los amigos de su dueño le dieron de pisotones.

¿Quién convenció al cuero para que fuera zapato?
Su hermano, el tenis roto.

¿En qué se convirtió el cuero?
En un tenis.

¿Quién compró al tenis de cuero que no quería ser zapato?
Un niño.

¿Cuál era el único problema del dueño del tenis nuevo?
Tenía pie de atleta.

# ¿CUÁL DE LAS TRES SERÁ?

**Propósito:** Recordar y comprender la lectura.

**Material:**
— Sobres
— Tarjetas
— Papel tamaño carta

**Preparación:**
— Hacer una lista de preguntas acerca de un cuento, numeradas del uno en adelante, con tres respuestas para cada una, una verdadera y dos falsas (una lista para cada niño).
— Escribir en cada tarjeta una pregunta con las tres respuestas:      A)      B)      C)
— Numerar los sobres y las tarjetas.
— Meter cada tarjeta en el sobre que le corresponde (el número del sobre debe ser el mismo de la tarjeta).
— Se harán tantos sobres como niños haya en el grupo.

**Desarrollo:**
— Se sientan los niños formando un círculo.
— Se entrega un sobre y una hoja de respuestas a cada niño.
— Se les indica que antes de abrir el sobre apunten el número de éste en la parte superior derecha de la hoja de respuestas.
— Se les explica que en el sobre encontrarán una tarjeta con una pregunta y tres respuestas, que escojan la que consideren correcta, busquen en la hoja de respuestas el número que tiene su tarjeta y ahí marquen la respuesta. QUE NO ESCRIBAN EN LA TARJETA. (Conviene ponerles un ejemplo para que comprendan bien lo que deben hacer.)
— Se les pide que todos abran su sobre al mismo tiempo, lean en silencio la pregunta y contesten en su hoja de respuestas.
— Se da tiempo suficiente para que contesten.

— Cuando escuchen la palabra "guarden", deben volver a poner la tarjeta en el sobre.

— Cuando oigan la palabra "cambio", entregan el sobre al niño que esté a su derecha, pero conservan con ellos la hoja de respuestas.

— Cuando reciban el nuevo sobre, lo abren, sacan la tarjeta y hacen lo mismo que con la tarjeta anterior.

— Se continúa haciendo el cambio hasta que los niños vuelvan a recibir el sobre con el que empezaron el juego (el número del sobre será el mismo que tienen apuntado en el ángulo superior derecho de su hoja de respuestas).

— Se recogen los sobres.

— El encargado vuelve a leer las preguntas mencionando el número y los niños contestan a coro la que hayan respondido en su hoja.

**Ejemplo:**

## Cuento
## LA MARGARITA QUE BRILLABA COMO EL SOL
### (pág. 150)

**TARJETA 1**
El abuelito Margarito vivía:
A)       en la ciudad.
B)       en un puerto.
C)       a mitad de la montaña.

**TARJETA 2**
Alegría es
A)       hija de Margarito.
B)       sobrina de Margarito.
C)       nieta de Margarito.

**TARJETA 3**
A Alegría le gusta
    A)      correr detrás de las mariposas.
    B)      cazar mariposas.
    C)      coleccionar mariposas.

**TARJETA 4**
A Alegría le gustaban las margaritas porque
    A)      son blancas.
    B)      quería mucho a su abuelito Margarito.
    C)      tienen muchos pétalos.

**TARJETA 5**
Alegría tenía una maceta con una margarita
    A)      que tenía polen amarillo como el oro.
    B)      que tenía polen de oro.
    C)      que tenía polen muy brillante.

**TARJETA 6**
El abuelito decía que el único oro que vale es
    A)      el sol.
    B)      el dinero.
    C)      la alegría.

**TARJETA 7**
A Margarito le gusta mucho
    A)      el caviar.
    B)      la avena con leche de cabra.
    C)      la leche de vaca.

**TARJETA 8**
Alegría compraba de todo con
    A)      el polen de oro de la margarita.
    B)      los pétalos de la margarita.
    C)      el dinero de Margarito.

**TARJETA 9**
Alegría vivía feliz porque
    A)      las flores son bonitas.
    B)      veía televisión.
    C)      tenía el polvo de oro y podía comprar
              lo que quisiera.

**TARJETA 10**
Un día Alegría se puso triste porque
    A)      no tenía juguetes.
    B)      estaba aburrida.
    C)      su planta se secó.

**TARJETA 11**
Como la planta se secó, Alegría ya no tenía
    A)      el polvo de oro.
    B)      amigos.
    C)      diversiones.

**TARJETA 12**
Su abuelito contentó a Alegría y le dijo:
    A)      el único oro que vale es el dinero.
    B)      el único oro que vale es el sol.
    C)      el único oro que vale es el polen
              de la margarita.

**Ejemplo:**

# Tarjetas

**TARJETA 1**
El Abuelito Margarito vivía
    A)      en la ciudad.
    B)      en un puerto.
    C)      a mitad de la montaña.

## Sobres

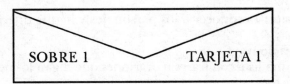

HOJA DE RESPUESTAS

Número _____

TARJETA 1     RESPUESTA _____

TARJETA 2     RESPUESTA _____

TARJETA 3     RESPUESTA _____

TARJETA 4     RESPUESTA _____

TARJETA 5     RESPUESTA _____

etcétera

# ¿QUIÉN LO DIJO?

**Propósito:** Reconocer a los personajes y lo que dijeron.

**Preparación:**
Hacer una lista con frases u oraciones que digan los personajes.

**Desarrollo:**
— Se pide a los niños que escriban los nombres de los personajes en hojas tamaño carta (un personaje por hoja).
— Se revisa que todos los niños tengan escritos los nombres de todos los personajes.
— Se lee algo que haya dicho uno de los personajes.
— Los niños levantan la hoja con el nombre del personaje aludido.
— Se leen una por una las oraciones.
— Se da tiempo para que los niños elijan el personaje correcto.
— Se pone atención a que todos respondan correctamente.

**Variación I:**
— El encargado conserva las hojas con los nombres de los personajes.
— Los niños, por turnos, hacen preguntas al encargado: ¿Quién dijo...?
— El encargado les muestra el papel con el nombre del personaje. (De vez en cuando mostrará el personaje equivocado para propiciar aclaraciones de los niños.)

**Ejemplo:**

## Cuento
## LA HORMIGA FLOJA (pág. 151)

¿Quién dijo: "Vayan todas a trabajar"? (la reina)

¿Quién dijo: "¿Por qué no te has ido como las otras hormigas"?
(la reina)

¿Quién dijo: "Porque tengo mucho sueño y flojera"? (Francisca)

¿Quién dijo: "Fíjese que ayer fui a bailar y bailé el hormigopopotito"? (Francisca)

¿Quién dijo: "Ay, qué flojera tengo y también sueño, ya me voy a dormir, hasta luego"? (Mónica, la cocinera)

¿Quién dijo: "Ahora qué pasa, qué extraña está Mónica"? (Francisca)

¿Quién dijo: "¿Por qué nadie está en el castillo, Gerardo"? (Francisca)

¿Quién dijo: "Porque todos se fueron a hormigoacapulco"? (Gerardo)

¿Quién dijo: "Esto es más divertido que bailar el hormigopopotito"? (Francisca)

¿Quién dijo: "Bravo, Francisca, qué bien lo has hecho"? (la reina)

**Ejemplo de hojas para niños:**

| FRANCISCA |

| GERARDO |

| LA REINA |

| MÓNICA, LA COCINERA |

# SÍ-NO

**Propósito:** Distinguir dónde sucedió la acción.

**Material:**
— Cartulinas
— Plumones de punta ancha
— Lápices de colores o acuarelas

**Preparación:**
— Seleccionar un cuento que indique claramente dónde suceden las acciones.
— Hacer unos carteles con dibujos de lugares que existen en el cuento y otros de lugares que no existen y en el reverso escribir las palabras **SÍ** o **NO**, según sea el caso.
— Hacer otros carteles, para todos los niños, que por un lado tengan la palabra **SÍ** y por el otro la palabra **NO**.
— Pedir a los niños que lean el cuento en casa.

**Desarrollo:**
— Se entrega a los niños los carteles con las palabras **SÍ** y **NO**.
— El encargado muestra uno de los carteles con dibujos de los lugares, verdaderos o falsos, y hace una referencia que puede también ser verdadera o falsa. Ejemplo: "Aquí murió el rey de los chocolates".
— Los niños muestran con su cartel la respuesta que consideren correcta: **SÍ** o **NO**.
— Para que comprueben sus respuestas, el encargado muestra el reverso de la cartulina, donde aparece la respuesta correcta.

**Variación:**
Mostrar los carteles con las ilustraciones y pedir a los niños que digan qué lugar es y lo que recuerdan de él:

¿Qué sucedió ahí?

¿Quién vivía ahí?

¿A quién pertenecía?

etcétera.

**Ejemplo:**

## Cuento
## TRIN CATARÍN (pág. 19)

| ILUSTRACIÓN | REFERENCIA | SÍ o NO |
|---|---|---|
| Huerto | El hortelano llevó a las hermanas de Trin Catarín a ese lugar. | SÍ |
| Árbol con gusanos | Aquí subieron a dormir entre las ramas. | NO |
| Montaña | Detrás de este lugar vive la cochinilla. | NO |
| Nopal | La hija de la cochinilla no quería vivir ahí. | SÍ |
| Cascada | Aquí bebieron agua. | NO |

## Carteles:

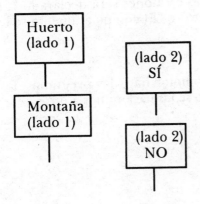

# ESCALERAS SIN SERPIENTES

**Propósito:** Que los niños comprendan y disfruten la lectura.

**Preparación:**
— Leer un cuento y hacer un cuestionario con preguntas de "verdadero" o "falso". Si se considera conveniente, pedir a los niños que lean el cuento en casa.

**Desarrollo:**
— Se divide el grupo en dos o tres equipos, según el número de niños.
— Se dibuja en el pizarrón una escalera para cada equipo y al lado de ellas un muñequito.
— Se explican las reglas del juego.
— Se hace la pregunta a cada integrante de los equipos.
— El niño tiene que responder "verdadero" o "falso" (en caso de que la respuesta sea "falso", deberá dar la versión correcta).
— Por cada acierto, el muñeco que representa al equipo sube un escalón de la escalera correspondiente a ese equipo.
— Si no puede responder, la misma pregunta pasa a un niño de otro equipo.
— El equipo que suba más escalones será declarado "El que mejor leyó el cuento" o "El equipo al que no se le escapa nada".

**Variación:**
— En lugar de que el promotor haga las preguntas, los miembros de un equipo se las hacen unos a otros.

## HOY TE RECOMENDAMOS...

**Propósito:** Que los niños lean a fondo un texto, y destaquen los puntos importantes para poder recomendarlo.

**Preparación:**
— Tener varios libros de cuentos.
— Pedir que seleccionen el que les guste, lo lean en casa y preparen una reseña con los siguientes datos:
  ● Título
  ● Autor
  ● Ilustrador
  ● Tema
  ● Qué les llamó más la atención
  ● Qué les gustó más
  ● ¿Por qué lo recomiendan a sus amigos?
  ● Si no les gustó, que digan por qué

**Desarrollo:**
— Se monta un escenario con una mesa y un micrófono (simulado) y un teléfono de juguete o dibujado.
— Se explica a los niños que están en una estación de radio, de televisión, o en un salón de actividades culturales, y que han sido comisionados para recomendar un libro a sus compañeros, a sus amigos, al teleauditorio o a los radioescuchas.
— Cada niño pasa a leer su reseña (al presentarse dice en dónde se encuentra: T.V., radio, salón).
— Sus compañeros, después de escucharlo, en el caso del radio y la televisión, le hablan por teléfono y le hacen preguntas. En el caso del salón de actividades culturales, hacen las preguntas directamente.

# ENTREVISTAS

**Propósito:** Descubrir el carácter de los personajes.

**Preparación:**
Seleccionar un cuento que tenga varios personajes y hacer una lista de los mismos.

**Desarrollo:**
— Se divide el grupo en dos equipos.
— A los integrantes de uno de los equipos se les da el nombre de uno de los personajes (pueden estar repetidos).
— Los niños del otro equipo son nombrados "reporteros".
— Los reporteros escogen a cualquier miembro del otro equipo para hacerle una entrevista. Primero le preguntan qué personaje es y, de acuerdo con eso, le hacen más preguntas.
— Los reporteros deben escribir las respuestas de los personajes y hacer un informe en limpio para la siguiente sesión.
— Los reportajes se exponen en un tablero o donde convenga al encargado.

# YO ESCUCHO...

**Propósito:** Hacer que los niños vivan el cuento.

**Desarrollo:**
— Los niños se sientan formando un círculo.
— Se les pide que cierren los ojos y "escuchen" los sonidos de la narración.
— Uno a uno van diciendo lo que "escuchan".

Es conveniente dar algunos ejemplos antes de principiar.

**Ejemplo:**
Un grupo de niños, de siete a diez años, de los Clubes de Lectura "TE REGALO UN SUEÑO" "escucharon" lo siguiente después de la narración del cuento "La bolsa mágica".
"Yo escucho la voz de Isa."
"Yo oigo el ruido de las ramas de los árboles del parque."
"Yo escucho las voces de los papás de Isa."
"Yo escucho el ruido de los papeles de la bolsa."
"Yo escucho la flauta que suena como un grillo."
"Yo oigo la voz triste de la libélula."
"Yo oigo el ruido de la tapa del frasco."
"Yo escucho los pájaros del jardín."
"Yo oigo el *croac croac* de la rana."
"Yo oigo los pasos del señor que le robó la bolsa."
"Yo escucho a Isa que respira mucho porque se cansó de correr."
"Yo la oigo llorar."
"Yo oigo clarito el ruido de las alas de mariposa dentro de la bolsa."
"Yo escucho a su prima estornudando."
"Yo oigo el ruido del lápiz cuando Isa se pone a escribir sus versos."

# VEO...

**Propósito:** Que los niños vivan el cuento.

**Desarrollo:**
— Se pide a los niños que cierren los ojos y que "vean" las imágenes del cuento que leyeron o escucharon.
— Uno a uno dice qué "ve".

Es conveniente dar algunos ejemplos antes de principiar.

**Ejemplo:**
Después de leer el cuento "El conejo que quería ser azul" un grupo de niños de cuatro a siete años, "vieron" las siguientes imágenes:
"Veo un bosque grande grande, con muchos árboles."
"Veo al conejito caminando entre la hierba."
"Yo veo un río con agua muy clara y con cascadas."
"Yo veo al conejito junto al río tomando agua."
"Yo veo al caballo que está con muchos caballos."
"Yo veo al conejito chiquitito junto al caballo."
"Yo veo al conejito caminando en busca de la pintura azul."
"Yo veo al conejito escurriendo de pintura azul, hasta sus ojos son azules."
"Veo al conejito metido en el río tomando un baño."
"Veo un campo con flores y a una abeja en una flor."
"Veo al conejito llamando a la abeja."
"Yo veo un rosal con muchas rosas blancas."
"Yo veo al conejito bailando con sus amigos el caballo y la abeja."

# Lecto-juegos para la expresión oral

## MENCIONA EL NOMBRE DE ___ Y DIME CÓMO ES

**Propósito:** Enseñar a los niños a describir objetos, animales, etcétera.

**Desarrollo:**
— Se asigna un número a cada niño.
— Se pide a los niños que cierren los ojos.
— El encargado dice en voz alta uno de los números.
— El niño al que se asignó ese número, menciona el nombre de un animal, cosa o lo que previamente hayan acordado.
— El encargado dice otro número.
— El niño con ese número describe al animal o cosa mencionado. Al terminar el juego, el encargado puede optar porque todos inventen una historia. Para ello, escoge un animal u objeto de los que se mencionaron.

**Ejemplo:**
Encargado: Había una vez un caballo que...
Niño 1: vivía en un corral
Niño 2: y no tenía que comer
Niño 3: pero a lo lejos vio a un niño que...
Entre todos deben crear el cuento; al finalizar, el encargado pedirá a uno o dos niños que lo cuenten.

# JUGUEMOS A COMPLETAR

**Propósito:** Estimular la inventiva.

**Material:**
— Tarjetas
— Un radio o tocacintas

**Desarrollo:**
— Se entrega a cada niño una tarjeta, numerada, que contenga un pensamiento, frase o verso incompleto.
— Los niños se sientan, formando un círculo
— Al ritmo de la música van pasándose las tarjetas.
— El encargado dice un número.
— El niño que tenga en ese momento la tarjeta con el número nombrado, la lee y completa la frase o pensamiento ahí anotado.

**Ejemplos de frases:**
"NAVEGANDO, NAVEGANDO VOY..."
"AYER SOÑÉ QUE...."
"TENER UN BUEN AMIGO ES..."
"EL CARACOL DE LA PLAYA GUARDA..."
"EN LO MÁS ALTO DEL MONTE..."
"CUANDO EL SOL SIN PRISA..."
"PASA UN NIÑO TRAVIESO Y..."
"EL DRAGÓN SE PUSO MUY CONTENTO PORQUE..."
"UNA GATITA QUE ESTABA DURMIENDO..."
"CUANDO DESPERTÓ ESTABA EN ..."
"UN DÍA EL NIÑO FUE A NADAR Y..."
"LA PERRITA SALIÓ A DAR UN PASEO Y..."
"EN LA COPA DEL NARANJO HAY..."
"LAS ESTRELLAS SOBRE EL MAR..."

# DE LO QUE VEO TE CUENTO

**Propósito:** Estimular la creatividad.

**Desarrollo:**
— Se muestra a los niños una fotografía, una pintura o una ilustración.
— Se les pide que inventen un cuento con cualquier elemento de la ilustración: un perro, una teja, una cortina, el sol (si no pueden empezar solos, habrá que ayudarlos dándoles algunas ideas, e improvisar un cuento muy breve).
— Se pide que dibujen el cuento que han inventado, en forma de historieta, poniendo en cada cuadro las acciones como van sucediendo (numerar los cuadros).

# VAMOS A ADIVINAR

**Propósito:** Propiciar la agilidad mental.

**Desarrollo:**
— Decir adivinanzas que los niños deben resolver.
— Pedir a los niños que inventen sus propias adivinanzas. Se aconseja dar algunos ejemplos prácticos: "Tiene cuatro patas y no camina" (la silla, la mesa).

**Variación:**
— Se toca una melodía y se les pide que caminen despacio por una ruta previamente trazada, en la que habrá una marca en algún punto.
— Se detiene la música, los niños dejan de caminar y el que haya quedado en la marca, o más cerca de ella, tendrá que responder a una adivinanza dicha por el encargado o por algún compañero.

## CUENTO COLECTIVO

**Propósito:** Estimular la creatividad y la inventiva.

**Desarrollo:**
— Un niño, o el encargado, dice la primera frase de un cuento que inventarán entre todos.
— Después, al azar, todos participan en la creación del cuento. Al finalizar, tres o cuatro niños lo narran.

## EL CUENTO SORPRESA

**Propósito:** Estimular la creatividad.

**Material:**
— Una caja o canasta
— Objetos diversos

**Preparación:**
Llenar la caja o canasta con los objetos seleccionados.

**Desarrollo:**
— Los niños se sientan en círculo.
— Entre todos van a inventar un cuento que el encargado iniciará.
— Se pasa la caja a uno de los niños quien toma uno de los objetos y continúa el cuento, añadiendo alguna idea referente a ese objeto. Después pasa la caja a su compañero de la derecha para que haga lo mismo que él, hasta que se terminen los objetos.

## Ejemplo de un cuento inventado con esta técnica por un grupo de nueve niños de 8 y 9 años

Contenido de la caja: carro de juguete, lápiz, anillo, peine, muñeca, sombrero de juguete, llaves, campanita y un botón.

PRINCIPIO: "Cuando Miguel repitió las palabras mágicas... apareció un SOMBRERO muy pequeño. No sabía qué hacer con él, pero vio a una MUÑECA pelona y se lo puso. Entonces caminó por la orilla del río y se encontró a una niña que se estaba peinando con un PEINE rojo. Se sentó junto a ella y como la niña tenía un ANILLO muy bonito, le dijo —te cambio la MUÑECA por tu anillo—. La niña dijo —Claro que sí— y le entregó su anillo. Después se pusieron a platicar, cuando, de repente, oyeron el ruido de una CAMPANITA. —¿De dónde vendrá? —preguntó la niña. —Vamos a averiguar— dijo el niño, y corrieron hacia el lugar de donde venía el sonido y cuál no sería su sorpresa al ver un CARRO, lleno de niños, en medio del campo. Los niños del coche no podían abrir las puertas, estaban encerrados. Miguel y la niña querían abrirles pero no podían; en eso se le cayó un BOTÓN de la camisa a Miguel y cuando lo iba a recoger vio unas LLAVES tiradas. ¡Eran las llaves del coche! Miguel abrió las puertas, los niños salieron corriendo y, felices, les regalaron a él y a la niña un LÁPIZ mágico y entre todos escribieron un cuento tan bonito como el nuestro."

# Lecto-juegos para iniciar a los niños en la expresión escrita

## ¿QUÉ ESCONDE...?

**Propósito:** Estimular la imaginación de los niños.

**Preparación:**
— Seleccionar una obra musical clásica.
— Hacer una serie de tarjetas (tantas como niños haya en el grupo) que digan:

### ¿Qué esconde

la nube?
la luz?
el sol?
la luna?
el agua?
etcétera

**Desarrollo:**
— Se sienta cómodamente a los niños.
— Se toca la música.
— Se baja el volumen y reparten las tarjetas.
— Se pide que la lean y escriban en una hoja, por separado, su respuesta.
— Cuando estén escribiendo, se sube un poco el volumen de la música.
— Se da un tiempo razonable para que respondan.
— Al finalizar, se les pide que lean lo que escribieron.

**Ejemplo:**

| **Tarjeta** | **Respuestas de un niño de seis años:** |
| --- | --- |
| ¿Qué esconde el agua? | Los peces de mi pecera |
| ¿Qué esconde la lluvia? | Los ladridos de mi cachorro |
| ¿Qué esconde la tierra? | Muchas lombrices |

# CONTINÚA EL CUENTO

**Propósito:** Desarrollar la imaginación.

**Preparación:**
— Seleccionar un cuento breve.
— Copiar la primera mitad del cuento y hacer copias para todos los niños.

**Desarrollo:**
— Se entrega a cada niño una copia del cuento incompleto.
— Se les pide que lo lean con atención y que después lo continúen y terminen. (Enfatizando que no se pide sólo el final sino la segunda parte del cuento.)
— Cuando terminen, cada uno lee "su cuento".

**Ejemplo de dos cuentos que los niños podrán continuar:**

1 *Era verano, no llovía desde hacía varios meses y la tierra estaba reseca. La ardilla Nacha y el conejo Arcoiris pasaban las horas jugando a tirarse por una pendiente, a ver quién llegaba abajo primero. De pronto, los finos oídos de la ardilla escucharon, cercano, un lloriqueo. Los dos amigos dejaron de jugar y...*

2 *Érase una vez un pueblo muy triste. Incluso los pájaros que se posaban en los cables de la electricidad y del teléfono estaban tristes. Era que el cielo había perdido su color.*
*En realidad, hacía muchos años que no se había vuelto a pintar. Tantos que ya nadie lo recordaba. Y claro, con las lluvias y el granizo, y los vientos y los rayos, que poco a poco lo habían ido ensuciando todo, el aspecto que ofrecía aquel pueblo era de gran dejadez.*
*¡Vaya pinta de cielo!*
*En el pueblo no se hablaba de otra cosa. En el mercado, en la calle, en casa, en todas partes. Antes todos sonreían, pero ahora todos ponían mala cara; sólo se hablaba de lo feo que estaba el cielo; solamente había una solución...*

# ESCRIBE LA PRIMERA PARTE DEL CUENTO

**Propósito:** Desarrollar la imaginación.

**Preparación:**
— Seguir los mismos pasos de "Continúa el cuento", con la diferencia de que se copiará la segunda parte del cuento.

**Desarrollo:**
— Se entrega una copia a cada niño.
— Se les pide que lean con atención la segunda parte del cuento y que escriban la primera. (Este ejercicio es más difícil que el anterior y los niños pueden necesitar ayuda.)

**Ejemplo de tres cuentos que los niños podrán iniciar:**

*1 Todos estaban felices, a pocos kilómetros estaba la isla. El submarino empezó a subir poco a poco y fue el mismo espectáculo de las burbujas del principio.*
*Todo salió bien. El primer viaje submarino fue una gran aventura.*

*FIN*

*2 El duendecillo le concedió sus deseos y fue a contárselo a su padre. Éste dijo que había hecho muy buen trabajo y le dio un regalo.*
*Las estrellitas no eran miedosas y se divirtieron mucho el resto de su vida. Hay rumores de que todavía viven y son las más grandes, brillosas y bonitas que vemos en el cielo.*

*FIN*

*3 Cuando la mayor parte de las aves estaban durmiendo, la palomita abandonó el agujero en la hendidura de la roca y voló hacia su palomar. Allí le contó a su palomo y a sus crías lo que le había sucedido, hasta que amaneció radiante el nuevo día.*

*FIN*

# TE DIGO EL PRINCIPIO Y TÚ CONTINÚAS EL CUENTO

**Propósito:** Desarrollar la imaginación.

**Preparación:**
Hacer una lista de oraciones o frases apropiadas para empezar un cuento.

**Desarrollo:**
— Se escribe en el pizarrón o en una cartulina el principio de un cuento.
— Se pide a los niños que lo continúen y lo desarrollen.

**Ejemplo:**
La lombriz roja está aburrida de vivir en...
Cuando Linda se levantó vio...
Todo empezó el día que...
La pulga amarilla cayó en la nieve de limón de...
Luis y Javier encontraron...
Una gatita que estaba durmiendo...
Hace mucho tiempo...
En una laguna muy bonita vivía...

# SIGUE EL HILO

**Propósito:** Desarrollar la imaginación.

**Desarrollo:**
— Se divide el grupo en equipos.
— Se pide a los equipos que se sienten, formando un círculo.
— Se entrega una hoja de papel a cada niño.
— Se pide a todos que empiecen a escribir un cuento.
— Se les explica que cuando escuchen la palabra "cambio" pasen la hoja al compañero que está a su derecha, y que deberán continuar el relato de su compañero a partir de donde éste se quedó.
— Se puede hacer cuantos "cambios" se desee, pero no tantos que puedan aburrir a los niños hasta perder su interés o dispersar su atención.
— Al finalizar, cada equipo lee sus cuentos.

# PRIMERO MODELO, DESPUÉS ESCRIBO

**Propósito:** Desarrollar la imaginación y la creatividad.

**Material:**
— Plastilina de varios colores
— Cartones gruesos u hojas de fibracel tamaño carta

**Desarrollo:**
— Se motiva a los niños para que imaginen una historia y la representen en una maqueta.
— Cuando terminen la maqueta que escriban su historia.

# LA CAJA MÁGICA

**Propósito:** Desarrollar la imaginación.

**Material:**
— Una caja de cartón
— Juguetes pequeños, barajas de lotería, chucherías (todos diferentes)

**Preparación:**
— Forrar la caja con papel llamativo.
— Llenarla con los juguetes, las barajas de lotería, las chucherías.

**Desarrollo:**
— Cada niño saca cinco objetos y a partir de ellos escribe un cuento.

# ESCUCHO E INVENTO

**Propósito:** Propiciar la imaginación.

**Desarrollo:**
— Toque cualquier melodía.
— Pida a los niños que cierren los ojos y que piensen en algo que la música les recuerde.
— Después de unos minutos, detenga la música y pregunte a los niños qué imaginaron.
— Pídales que escriban un cuento breve con lo que hayan imaginado.

# CUARTA PARTE

## Material de apoyo

# 7

# Canciones

## EL GATITO MARINERO[1]

*Margarita Robleda*

Un gatito le tenía
miedo al mar, miau,
miedo al mar, miau,
miedo al mar, miau,
y aunque gran temor sentía
por el mar,
a su orilla iba a pasear.

De tantas vueltas y vueltas
un barquito conoció.
"Wooo..."
le dijo el barco sonriendo
y una amistad nació.
Ay, gatito,
no sé por qué
al agua le tienes miedo,
qué importa que sea una
gota
el mar o el aguacero,

ya que somos amigos
juntos lucharemos,
se espantarán tus miedos,
tú serás marinero.

El gatito ya no tiene
miedo al mar,
miedo al mar,
miedo al mar,
el regalo de un amigo
supo encontrar.
Juntos navegarán.

Si tú tienes
un amigo,
un regalo
el cielo te dio
para vencer los miedos
y alegrar el corazón.

[1] GRUPO CUICA, *Cocolitos* No. 2, p. 4. México, 1984.

# EL GATITO MARINERO

## (música)

# EL ORNITORRINCO[2]

*Valentín Rincón*

Ésta es la canción
del ornitorrinco
que corre en la hierba
y nada en el río.
Que es un monotrema
dicen los letrados,
nace de un huevito
y tiene pies palmeados.

Toma el sol y al agua pega el
brinco cuando sientas que
el calor te quema.

Pega el brinco
al agua ornitorrinco, mono
mono mono monotrema.
Y que es un mamífero,
come de mamá
y que es un ovíparo,
¡qué barbaridad!

Es muy peludito
y con trompa de pato.
¿Han oído ustedes?
¡Qué bicho tan raro!

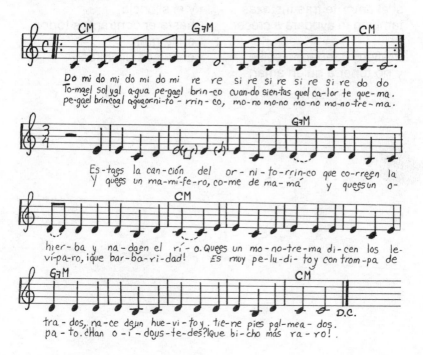

[2] GRUPO CUICA. Ob. cit., No. 2, p. 4.

# EL HONGUITO[3]

*Margarita Robleda*

Qué pena me das, hongui-
to,
a la vera del camino.
Te ves triste y muy solito,
no tienes cerca un amigo.
Estoy solo, estoy solito,
no tengo con quién platicar,
pero temo encontrar amigos,
pienso que me harán llorar.

No seas tonto, amigo hongo
no hay nada qué temer,
si el amor te trae tristezas
también te ayudará a crecer.

Prefiero quedarme solito
y no tener a quién amar,

siento feo querer a los hongos
y que se tengan que mar-
char.

No seas tonto, amigo hongo,
tu corazón crecerá
y mientrar más ames y ames
más hongos podrán entrar.

Ten amigos, sé fecundo,
sólo así florecerás,
a pesar de la distancia
y el silencio,
hasta encontrarnos todos
en la gran
ensalada universal.

---

[3] GRUPO CUICA. Ob. cit., No. 13, p. 4.

# EL HONGUITO

## *(música)*

# EL PIOJO Y LA PULGA[4]

*Tradicional*

El piojo y la pulga se van a casar,
no se hacen las bodas por falta de pan.
Responde una hormiga desde el hormigal:
-Que se hagan las bodas, que yo daré el pan.
¡Albricias, albricias, ya el pan lo tenemos!
Pero ahora la carne, ¿dónde la hallaremos?
Respondió un lobo desde aquellos cerros:
-Que se hagan las bodas, yo daré becerros.
¡Albricias, albricias, ya carne tenemos!
Pero ahora el vino, ¿dónde lo hallaremos?
Responde un mosquito de lo alto de un pino:
-Que se hagan las bodas, que yo daré el vino.
¡Albricias, albricias, ya vino tenemos!
Pero ahora quien toque, ¿dónde lo hallaremos?
Responde la araña desde el arañal:
-Que se hagan las bodas que yo iré a tocar.
¡Albricias, albricias, quien toque tenemos!

Pero ahora quien baile, ¿dónde lo hallaremos?
Responde una mona desde su nogal:
-Que se hagan las bodas, que yo iré a bailar.
¡Albricias, albricias, quien baile tenemos!
Pero ahora quien cante, ¿dónde lo hallaremos?
Responde una rana, desde su ranal:
-Que se hagan las bodas, que yo iré a cantar.
¡Albricias, albricias, quien cante tenemos!
Pero ahora madrina, ¿dónde la hallaremos?
Responde una gata desde la cocina:
-Que se haga la boda, yo seré madrina.
¡Albricias, albricias, madrina tenemos!
Pero ahora padrino, ¿dónde lo hallaremos?
Responde un ratón, de todos vecino:
-Que se hagan las bodas, yo seré el padrino.
Y estando las bodas en todo su tino,
saltó la madrina y se comió al padrino.

[4] Vicente T. Mendoza, *Lírica infantil de México*, pp. 161-162. Fondo de Cultura Económica. México, 1983.

# EL PIOJO Y LA PULGA
## *(música)*

El pio-joy la pul-ga se quieren ca-sar y no se han ca-sa-do por fal-ta de

pan. Ben-di-to sea Dios que to - do te - ne-mos! pero de ha-ri-na cho-ra sí queha-

re-mos?

# EL DOCTOR[5]

*Gilda y Valentín Rincón*

Cuando yo sea grande
voy a ser doctor,
te daré jarabe
si te da la tos.
Muy de bata blanca
iré por allí,
con mi estetoscopio
y mi maletín.

Si te duele el dedo,
te pondré un trapito.
Si te llora el ojo,
un algodoncito.
Si estás decaída,
te he de aplicar
cien mil unidades de
felicidad.

# LAS HORAS[6]

## *Tradicional*

Toco la una
con cuernos de luna,
toco las dos
diciéndote adiós,
toco las tres
tomando jerez,
toco las cuatro
con un garabato,
toco las cinco
saltando de un brinco,
toco las seis
así como ves,

toco las siete
con gusto y con brete,
toco las ocho
con un palo mocho,
toco las nueve
con bolas de nieve,
toco las diez
con granos de mies,
toco las once
que suenan a bronce,
toco las doce
y nadie me tose.

To-co la u - na con cuer-nos de lu - na, to-co las dos di-

cién-do te a - dios.

---

[6] Vicente T. Mendoza, Ob. cit., p. 134.

# SI TÚ TIENES GANAS[7]

## *Anónimo*

Si tú tienes muchas ganas
de cantar, tralalá;

si tú tienes muchas ganas
de cantar, tralalá.

Si tú tienes la razón y no hay
oposición,

no te quedes con las ganas
de cantar, tralalá.

Si tú tienes muchas ganas
de reír, ja ja ja...

Si tú tienes muchas ganas
de llorar, buuuuu...

Si tú tienes muchas ganas
de ladrar, guauguau...

Si tú tienes muchas ganas
de maullar, miau miau...

Si tú tienes muchas ganas
de etc. etc.

[7] Francisco Aquino, *Cantos para jugar 2*, p. 64. Ed. Trillas. México, 1989.

# ALLÁ EN EL LAGO[8]

## *Tradicional*

Allá en el lago, rataplán,
se ve un barquito, rataplán;
que sin vientito no puede
andar, rataplán.
Allá en el lago, rataplán,
nadan dos patos, rataplán,
son los zapatos del capitán,
rataplán.
Allá en el lago, rataplán,
se ve un cascote, rataplán,

son los bigotes del capitán,
rataplán.
Carnita asada, rataplán,
tortilla frita, rataplán,
es la comida del capitán,
rataplán.
Carnita asada, tortilla frita,
es la comida del capitán,
rataplán.

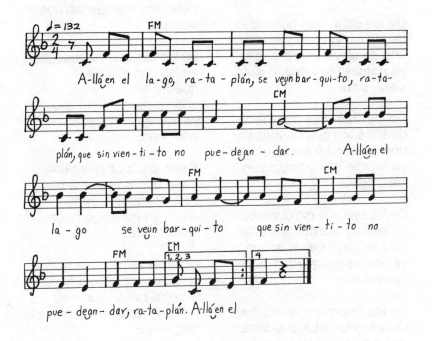

[8] *Ibid.*, p. 90.

# LOS PERRITOS

## *Tradicional*

Yo tenía diez perritos,
yo tenía diez perritos,
y uno se cayó en la nieve,
ya nomás me quedan nueve,
nueve, nueve.

De los nueve que tenía,
de los nueve que tenía,
uno se comió un bizcocho,
ya nomás me quedan ocho,
ocho, ocho.

De los ocho que quedaban,
de los ocho que quedaban,
uno se clavó un tranchete,
ya nomás me quedan siete,
siete, siete.

De los siete que quedaban,
de los siete que quedaban,
uno se quemó los pies,
ya nomás me quedan seis,
seis, seis.

De los seis que me quedaban,
de los seis que me quedaban,
uno se mató de un brinco,
ya nomás me quedan cinco,
cinco, cinco.

De los cinco que quedaban,
de los cinco que quedaban,
uno se cayó de un teatro,
ya nomás me quedan cuatro,

cuatro, cuatro.
De los cuatro que quedaban,
de los cuatro que quedaban,
uno se volteó al revés,
ya nomás me quedan tres,
tres, tres.

De los tres que me quedaban,
de los tres que me
quedaban,
uno se murió de tos,
ya nomás me quedan dos,
dos, dos.

De los dos que me quedaban,
de los dos que me
quedaban,
uno se murió de ayuno,
ya nomás me queda uno,
uno, uno.

Y ese uno que quedaba,
y ese uno que quedaba,
se lo llevó mi cuñada,
ahora ya no tengo nada,
nada, nada.

Cuando ya no tenía nada,
cuando ya no tenía nada,
la perra parió otra vez,
y ahora ya tengo otros diez,
diez, diez.

# LOS PERRITOS

## (música)

Yo te-ní-a diez pe-rritos, yo te-ní-a diez pe-rri-tos, y u-no

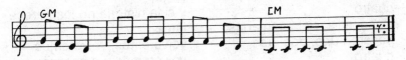

se cayó en la nieve ya no-más me quedan nueve, nueve nueve.

# EL BARCO CHIQUITO[9]

### *Tradicional*

Había una vez un barco chiquito,
y había una vez un chiquito barco,
y había una vez un barco chiquito,
y no podíamos, y no podíamos navegar.

Pasaron una, dos, tres, cuatro,
cinco, seis, siete semanas;
pasaron una, dos, tres, cuatro,

cinco, seis, siete semanas;
pasaron, una, dos, tres, cuatro,
cinco, seis, siete semanas;
y los víveres, y los víveres comenzaban a escasear.
Y si la historia no les parece larga,
y si la historia no les parece larga,
y si la historia no les parece larga,
volveremos, volveremos, volveremos a empezar.

9 Vicente T. Mendoza, Ob. cit., pp. 141-142.

# 8

# Arrullos y rondas

## Arrullos

### ARESTÍN DE PLATA[1]

Arestín de plata,
cuna de marfil, arrullen al niño
que se va a dormir.

Este niño lindo
que nació de noche,
quiere que lo lleven
a pasear en coche.

Este niño lindo
que nació de día,
quiere que lo lleven
a la nevería.

Este niño lindo
que nació de día
quiere que lo lleven
a comer sandía.

[1] Vicente T. Mendoza, Ob. cit., p. 27.

# ESTE NIÑO LINDO[2]

Este niño lindo
se quiere dormir,
tiéndele su cama
en el toronjil.

Toronjil de plata,
torre de marfil,

este niño lindo
ya se va a dormir.

Duérmete, niñito,
que voy a lavar
pañales de lino
con agua de azahar.

[2] *Ibid.*, p. 27.

## LA MANZANA PERDIDA[3]

Señora Santa Ana,
¿por qué llora el niño?
Por una manzana que se le
ha perdido.
No llore por una,
yo le daré dos:
que vayan por ellas
a San Juan de Dios.
No llore por dos,
yo le daré tres:
que vayan por ellas
hasta San Andrés.
No llore por tres,
yo le daré cuatro:
que vayan por ellas hasta
Guanajuato.
No llore por cuatro,
yo le daré cinco:
que vayan por ellas
hasta San Francisco.

No llore por cinco,
yo le daré seis:
que vayan por ellas
hasta la Merced.
No llore por seis,
yo le daré siete:
que vayan por ellas
hasta San Vicente.
No llore por siete,
yo le daré ocho:
que vayan por ellas
hasta San Antonio.
No llore por ocho,
yo le daré nueve:
que vayan por ellas
hasta Santa Irene.
Si llora por nueve,
yo le daré diez:
que vayan por ellas
hasta Santa Inés.

Se-ño-ra Sant'A-na... ¿Porque llora el ni-ño? Por u-na man-

za-na quese le ha per-di-do....

[3] *Ibid.*, p. 29.

## CAMPANITA DE ORO[4]

Campanita de oro,
si yo te comprara,
se la diera al niño
para que jugara.

Campanitas de oro,
torres de marfil,

canten a este niño
que se va a dormir.

Campanas de plata,
torres de cristal,
canten a este niño
que ha de descansar.

Cam-pa-ni-ta de o-ro, si yo te com-pra-ra,

se la die-ra al ni-ño pa-ra que ju-ga-ra.

[4] *Ibid.*, p. 30.

# Rondas

## CABALLITO BLANCO[1]

Caballito blanco,
sácame de aquí,
llévame a mi pueblo,
donde yo nací.

Tengo, tengo, tengo...
Tú no tienes nada.

Tengo tres borregas
en una manada;
una me da leche,
otra me da lana,
y otra mantequilla
para la semana.

[1] *Ibid.*, p. 96.

# LA PASTORA[2]

Estaba la pastora,
larón, larón, larito;
estaba la pastora
cuidando su chivito.

Con leche de sus cabras,
larón, larón, larito;
con leche de sus cabras
mandó a hacer un quesito.
El gato atolondrado,
larón, larón, larito;
el gato atolondrado
se comió el quesito.

La pastora enojada,
larón, larón, larito;
la pastora enojada

mató a su bichito.

Se fue a confesar,
larón, larón, larito;
se fue a confesar
con un periquito.

A vos me acuso, padre,
larón, larón, larito;
a vos me acuso padre,
padre,
que maté a mi bichito.

De penitencia te echo,
larón, larón, larito;
de penitencia te echo
que te lo comas frito.

Es-ta-ba la pas-to-ra..., la-rón, la-rón, la-ri-to....es

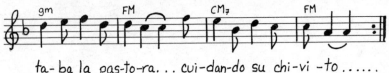

ta-ba la pas-to-ra... cui-dan-do su chi-vi -to......

[2] *Ibid.*, p. 112.

# LA VIUDITA³

Yo soy la viudita
de Santa Isabel
me quiero casar
y no hallo con quién.

El mozo del cura
me manda un papel
y yo le mando otro
con Santa Isabel.

Mi madre lo supo,
¡qué palos me dio!;
malhaya sea el hombre
que me enamoró!

Me gusta la leche,
me gusta el café;
pero más me gustan
los ojos de usted.

Me gusta el cigarro,
me gusta el tabaco;
pero más me gustan
los ojos del gato.

Contigo sí
contigo no,
contigo, mi vida,
me he de casar.

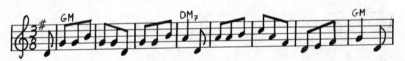

Yo soy la viu-di-ta de Santa I-sa-bel, me quie-ro ca-sar y no ha-llo con quién. El

mo-zo del cu-ra me man-da un pa pel y yo le man-do otro con San-ta I-sa- bel.

³ Francisco Moncada G., *Juegos infantiles tradicionales*, p. 109. Librería Imagen Editores. Toluca, Edo. de México, México, 1985.

# EL TORONJIL[4]

A la vuelta, vuelta
del toro toronjil,
veremos a milano
comiendo perejil.

Milano no está aquí,
está en su vergel

abriendo la rosa
y cerrando el clavel.

Mariquita la de atrás
que vaya a ver,
si vive o muere
para echarnos a correr.

[3] *Ibid.*, p. 117.

# 9

# Adivinanzas

*Tere Remolina*

Viajo siempre en línea recta
a una gran velocidad,
de mí depende la vida
de toda la humanidad.

(*La luz*)

Soy como un lago tranquilo
luminoso y sin edad,
a todo el que me interroga
yo le digo la verdad.

(*El espejo*)

Habito en el universo,
tengo muchas hermanitas,
danzamos toda la noche,
dormimos de mañanita.

(*La estrella*)

De niña como y me arrastro,
de joven duermo la siesta,
de adulta frágil y esbelta,
entre flores suelo estar.

(*La mariposa*)

Tengo cara de conejo,
pero mayor estatura,
una cola grande y dura
y en la barriga un morral.

(*El canguro*)

Alto, esbelto y elegante,
nunca cambio de ropaje,
vivo cerca de la nieve
pero nunca voy a esquiar.

(*El pino*)

Anuncio mi llegada
con fuegos de artificio,
arraso cuanto toco,
mi furia es infinita.
Me temen en la tierra,
me temen en el mar.

(*La tormenta*)

_____

Soy estricto y ordenado,
recorro el mismo camino,
sea de día o sea de noche
yo te marco tu destino.

(*El tiempo*)

_____

Fruta del desierto
fresca y sabrosa
aunque para pelarte
resultas peligrosa.

(*La tuna*)

_____

Los caballos suben,
Los caballos bajan,
dando vueltas siempre
dentro de la plaza.

(*El carrusel*)

_____

Subo, subo,
bajo, bajo,
cuando bajo
voy cantando
por las piedras,
me resbalo
y en el mar
estoy jugando.

(*El agua*)

_____

Vengo de padres cantores
aunque yo no soy cantor,
llevo los hábitos blancos
y amarillo el corazón.

(*El huevo*)

_____

Orejas largas,
cuerpo de algodón
y de zanahorias
un poco glotón.

(*El conejo*)

_____

Lámpara ardiente
siempre encendida
con sus destellos
mantiene la vida.

(*El sol*)

_____

## Martha Sastrías

Lleno de velices, risas
y canciones,
por la carretera voy de
vacaciones.

(*El automóvil*)

\*\*\*

Papalote con cola de fuego
y alas de acero,
por el cielo voy
abriendo un nuevo sendero.

(*El avión*)

\*\*\*

Mientras juego con las olas
al navegar,
el humo de mi chimenea
las nubes quiere alcanzar.

(*El barco*)

\*\*\*

Tras largo recorrido llego
silbando
a llenar de sabores el
mercado.

(*Camión de carga*)

\*\*\*

Todo duerme,
pronto amanecerá
y mi figura el mar reflejará.

(*El barco de vela*)

\*\*\*

Mis ruedas van girando con
alegría;
en el monte y en el llano
se oye el eco de mi suave
melodía.

(*El ferrocarril*)

\*\*\*

Desbaratando figuras de
algodón
revoloteas en el cielo
como risueño avispón.

(*El helicóptero*)

\*\*\*

Arenas de oro, cielo y
estrellas,
todo el desierto sigue mis
huellas.

(*El camello*)

\*\*\*

Mi estampa adorna el paisaje
cuando en la sierra ando de
viaje.

(*El caballo*)

*** 

Orquesta de metales por el
camino,
listones plateados guían tu
destino.

(*El tranvía*)

***

Tus rayos mágicos parecen
pues cuando pedaleo
desaparecen.

(*La bicicleta*)

***

Alegre suenas
collar de cascabeles,
llevas pasajeros
forrados de pieles.

(*El trineo*)

***

### Becky Rubinstein

Con plumitas por delante,
con plumitas por detrás,
con un kikirikí agudo
la respuesta tú tendrás.

(*El gallo*)

‡ ‡ ‡

No tengo cabeza
y peino cabello, aunque
luzco dientes
no como con ellos.

(*El elote*)

‡ ‡ ‡

Nací yo de un árbol,
no soy una fruta,
aunque sin ser viejo
tus manos me arrugan.

(*El papel*)

‡ ‡ ‡

Soy un ojo
que está ciego,
de la puerta
catalejo.

(*La cerradura*)

‡ ‡ ‡

Seco tu rostro
y sin ser el sol,
seco tu cuerpo
y me mojo yo.

(*La toalla*)

‡ ‡ ‡

Aunque con lomo
no soy un burro,
hablo a mi modo
aunque soy mudo.

(*El libro*)

‡ ‡ ‡

Caliente a veces,
a veces fría,
odio de muerte
a las arrugas.

(*La plancha*)

‡ ‡ ‡

Tu mano me abre,
tu mano me cierra,
por mi cuerpo sales,
por mi cuerpo entras.

(*La puerta*)

‡ ‡ ‡

Vivo en la tierra,
mas soy del aire,
nazco de un huevo,
también mi madre.

(*El pájaro*)

‡ ‡ ‡

Con la cabeza dura
y mi cuerpo de palo,
enciendo yo la estufa,
el puro y el cigarro.

(*El cerillo*)

‡ ‡ ‡

Yo como de todo
y no me indigesto,
periódico y lodo
y a veces apesto.

(*El basurero*)

‡ ‡ ‡

Para algunos, un insecto,
para muchos, un avión,
en el día desfallezco,
por las noches, un farol.

(*La luciérnaga*)

‡ ‡ ‡

Soy gorda y no como,
me embolsan de todo.

(*La bolsa*)

‡ ‡ ‡

Río y me sonrío,
sonoro y corriente
yo vengo del mar
sonoro y tranquilo.

(*El río*)

‡ ‡ ‡

Espuma de mar
te dejo en la frente,
perfume de azahar
yo dejo en la gente.

(*El jabón*)

‡ ‡ ‡

## Tradicionales

Ventana sobre ventana,
sobre ventana, balcón,
sobre el balcón, una dama,
sobre la dama, una flor.

(*La piña*)

◆ ◆ ◆

Teque teteque
por los rincones,
tú de puntitas,
yo de talones.

(*La escoba*)

◆ ◆ ◆

Verde en el monte,
negro en la plaza,
coloradito en casa.

(*El carbón*)

◆ ◆ ◆

Una señorita muy aseñorada
llena de remiendos
y sin ninguna puntada.

(*La gallina*)

◆ ◆ ◆

Tito, Tito, capotito,
sube al cielo y pega un grito.

(*El cohete*)

◆ ◆ ◆

Caballito de banda a banda
ni come, ni bebe, ni anda.

(*El puente*)

◆ ◆ ◆

El burrito la lleva a cuestas,
va metida en un baúl,
yo no la tuve jamás
y siempre la tienes tú.

(*La U*)

◆ ◆ ◆

Te la digo y no me entiendes,
te la repito y no comprendes,
si te la echo encima no puedo verte.

(*La tela*)

◆ ◆ ◆

Teniendo un ojo no veo,
teniendo un pico no como,
llevo arrastrando las tripas,
me las jalan ¡no lloro!

(*La aguja*)

◆ ◆ ◆

Primero fui blanca,
después verde fui,
cuando fui dorada,
¡ay, pobre de mí!

(*La naranja*)

◆ ◆ ◆

Ruedo y ruedo
y en los bolsillos me quedo.

(*La moneda*)

◆ ◆ ◆

Si me dejas preso, vivo;
si me liberas, me muero.
Y cautivo o no cautivo,
a veces peligro llevo.

(*El secreto*)

◆ ◆ ◆

Soy devota, y alguien dice
que exagero demasiado,
porque marcho por la vida
siempre de brazos cruzados.

(*La X*)

◆ ◆ ◆

El águila negra pasó por el
mar,
ni barcos ni aviones
la pueden alcanzar.

(*La noche*)

◆ ◆ ◆

Grande, grande, muy
grande,
mayor que la tierra,
arde y no quema,
quema y no es vela.

(*El sol*)

◆ ◆ ◆

# 10

# Trabalenguas†

Cuando cuentes cuentos,
cuenta cuántos cuentas,
cuenta por qué
cuando cuentas cuentos
nunca cuentas
cuántos cuentos cuentas.

***

El fantasma fanfarrón
fanfarronea por
fanfarronear,
por fanfarronear
fanfarronea el fantasma
fanfarrón.

***

El tecolote Ote no bebe té,
no come elote,
come camote
si le duele el cogote.

***

El dragón tragón
tragó carbón
y quedó panzón,
panzón quedó el dragón
por tragón,
¡qué dragón tan tragón!

***

La bruja uja no es una
bruja,
es una aguja que el brujo ujo
convirtió en bruja uja.

***

Yo tenía una jipijapa
con muchos jipijapitos,
iba a coger un jipijapito
y me picó la jipijapa.

***

† Traducción popular Grupo Cuica.

Yo tenía un gato
y se me engáturi-bíturi-pin-
güirizó,
el que me lo desengáturi-bí-
turi-pingüirizare
será un buen
desengáturi-bíturi-pingüiri
zador.
De una de dola
de tela canela
zumbaca tabaca.
El burro rebuzna
y brama la vaca,
el eco repite
por otra barranca

***

Lalo cuela el atole,
Lola lava la tela,
Mela muele que muele
y Tila apaga la vela.
Tengo un gallo y un
caballo,
una yunta y unos bueyes,
una yegua y un pollino.
¿Alguno llevarte quieres?

***

En Metepec y en Tepeaca
hay ixtle y también
pitahaya,
si encuentras al cacomiztle
regrésalo a Calimaya.

***

¿Quieren que me acueste
y que no me tueste?
Pues ahora me acuesto
y mañana me tuesto,
cueste lo que cueste.

Traba para que te trabes,
lengua para desdoblarse,
si el trabalenguas te traba,
deja la lengua doblada.

La purga probó Nicandra,
por ver qué tanto purgaba,
pero al entrar la probada
Nicandra quedó trabada.

***

Fui a buscar el perejil
por si me emperejilaba
y la emperejiladora
me desemperejilaba.

***

Corta tus trapos Paulita
y préstame tu botón,
tu botón préstame Rita
y tus trapos corto yo.

***

El padre emprende,
la madre cubre,
el labriego siembra
y Pedro trepa.

***

Rita Peñuelas Pirules pinta
peroles azules,
azules peroles pinta
Peñuelas Pirules Rita.

La niña tras un engaño
soñaba ponerse un moño
y el moño flor sobre caña
no era moño y sí era
engaño.

Xóchitl tiene bolsas de ixtle
con huazontles y quelites,
los va a llevar a Ixtlahuaca
cuando regrese de Iztapan.

\*\*\*

El catre de doña Petra
en tres piedras se detiene,
si le quitas catre o piedras
Petra del borde se prende.

\*\*\*

Sixto escoge el sexto texto,
Calisto lo testerea,
si siempre su prima Andrea
al cesto lo tira presto.

\*\*\*

Las teclas tocando el títere triste
estaba en el teatro.
Intentando trepar al
estrado le dijo al ingrato:
¡Qué gritos, qué tragos, qué
potro,
qué trapos, qué intruso, qué
trato!

\*\*\*

Clara y Pablo, siempre
pobres,
preguntan al padre Pedro
si las tripas fritas truenan
y si el bofe asado truena.

\*\*\*

¿Sabrá Sabrina cobrarme
los cobres que deben darme
o no cobrará la pobre
y nunca podrá pagarme?

\*\*\*

Un traspiés dejó al revés
a Tonatiuh Moctezuma
y como el agua rezuma
por debajo de los pies,
tiene que buscar el Chalco
al tlahuica de Nonoalco.

\*\*\*

Una vaca flaca salta la
tranca,
se va a la barranca
y arranca una blanca
azucena marchita,
cuando una cabrita
le quita la blanca
azucena marchita
de la boca y grita:
-Deja mi barranca,
la flor no se arranca,
salta por la tranca.

\*\*\*

# 11

# Rimas

## LAS CANICAS*

Cristalinas y redondas
se atropellan al pasar,
hacen chiras o palomas
y no dejan de jugar.

## EL PINGÜINO*

Hace frío sobre el hielo,
el sol no quiere alumbrar,
el pingüino empecinado
quiere salir a jugar.

Su mamá ya lo previno,
—si quieres ir a jugar,
debes llevar bufanda,
no te vayas a resfriar.

## LOS PATOS*

Salieron de mañanita,
todos llevaban su traje,
los negros eran de raso,
los blancos eran de encaje.

Todos gritaron a coro:
-¡queremos ir a nadar!
y corrieron al estanque,
los de adelante y los de atrás.

## LA ARDILLA*

Dos dientes grandes y blancos,
una cola sin igual,
dos pequeñas orejitas
y ganas de retozar.

—Ven, ardilla colorada,
vamos los dos a jugar,
por el bosque, por el monte
...si te deja tu mamá.

## LA JIRAFA*

Aunque su nombre es jirafa,
ella la llamó jarifa,
puso su cuna en el suelo
y la almohada en la cornisa.

Le tejió un cuello morado,
unas calcetas rosadas,
cuatro zapatitos blancos
y un gorrito colorado.

## EL CONDOMINIO*

En la casa un jardín,
en el jardín un pino,
en el que veinte pájaros
viven en condominio:

tres tortolitas gordas,
un cenzontle andarín,
quince alegres gorriones
y un solo colibrí.

## MARIPOSA*

Mariposa violeta
con alas de organdí
en medio de las flores
adornas el jardín.

## EL NAUFRAGIO*

Una tarde de verano
naufragó el barco en la fuente,
no pudo guardar el rumbo
y lo arrastró la corriente.
El capitán, desolado,
lloraba desde la orilla
y un pequeño pez dorado
se deslizó por la quilla.

Tomó el timón decidido
y el rumbo rectificó,
mientras un pato nadando
el barco a flote sacó.
Llegó a puerto sin demora,
sin problemas, ni averías
y el capitán, encantado,
entre lágrimas reía.

*Tere Remolina*

## EL PENSAMIENTO**

Tengo la cabeza baja
porque soy un pensador
y una carita pintada
en pétalos de color.

## EL PERRITO**

Tenemos el mismo nombre
del perrito ladrador;
lilas, rosas, amarillos,
te mordemos con amor.

## EL GIRASOL**

Soy gigante cara negra
con melena de león;
vivo entre el maíz y el trigo
y me muevo con el sol.

## HABÍA UNA MARIPOSA**

Había una mariposa
con alas de rosa,
vivía en el jardín
detrás del jazmín.
Tenía tres amigas:
la rana y dos hormigas.
Jugaba con el gato,
con un ganso y un pato.

Y he aquí que una mañana,
una canción lejana
se escuchó en el jardín
con notas de violín.
Después a cielo abierto

tuvieron un concierto,
oyeron maravillas,
vinieron diez ardillas.

Llamaron a la oruga
al pez y a la tortuga,
y entre varias abejas
formaron las parejas.

Todos juntos saltaron,
bailaron y cantaron;
comieron mantecado
y el cuento se ha
acabado.

## CANCIÓN PARA CROAR**

Voy con las ranas
del charco alegre
a que me digan,
a que me cuenten,

si el sol temprano
les dice historias
de gusanitos,
de mariposas;

si las estrellas
van con la luna,
a las montañas,
a la laguna...

A que me digan,
a que me cuenten,
voy con las ranas
del charco verde.

## MÚSICA DE FONDO**

Cuatro pececitos rojos
ensayan una canción,
la langosta es la maestra
y el delfín el director.

El pez sierra compungido
nada buscando un violín:
toca cangrejos y conchas
y nadie le quiere abrir.

El pulpo es el hombre or-
questa,
si quiere, puede tocar:
platillos, bombos, maracas,
castañuelas y timbal,
aunque siempre se reserva
dos patas para bailar.

## JOYAS**

El pájaro cardenal
se escondió por un granado
y al ver una fruta abierta
mil joyas había encontrado.

## LLUVIA**

Los dedos de la lluvia,
como manos de hada,
humedecen la tarde
golpeando mi ventana
con un repiqueteo
de cuentitas aladas.

Escucho el ritmo alegre
de unos gnomos que bailan
si la lluvia es ligera;
y cuando se levanta
su voz estremecida
de sirena encantada,
y se vuelca en torrente
el cofre del pirata

con diez mil perlas blancas,
me parece un gran río
de lejana comarca...
¡su música convida
a soñar con cascadas!
Luego se vuelve lenta:
los trovadores cantan,
la princesa suspira...
dos muñecos ensayan
un minué cadencioso
haciendo caravanas,
y un público de duendes,
asomado en el agua
aplaude alborozado
con sonoras palmadas.

*Isabel Suárez de la Prida*

## FLORÍN, EL PÁJARO AZUL***

Florín, el pájaro azul
va y salta de rama en rama,
sus alas, trenzas de tul
y con su piar te llama.

Florín picó muy temprano,
temprano salió a volar,
a destapar un gusano
para dejar de ayunar.

Florín gorjeaba feliz
cuando por fin engulló
una sabrosa lombriz
y de este modo cantó:

-Yo soy el pájaro azul
que salta de rama en rama,
mis alas, trenzas de luz,
mi piar es una flama.

*Becky Rubinstein*

# 12

# Cuentos

## LOS CANDADOS[1]

Gati Gatico tenía mal genio. ¿Sabes por qué?

Porque mamá Gatuca le hizo unos pantalones que se le caían a cada rato.

Un día Gatuca fue al mercado y le trajo un cinturón, pero como está tan gordito Gati lo reventó al momento.

Una gallinita que es su vecina, le recomendó unos tirantes y se los puso. Después de comer: ¡PLIF! ¡PLAF!, se le reventaron y le pegaron en la cara.

—A mí siempre me va de "la cachetada" —rezongó— sentándose en la orilla de la calle. Entonces Doña Zorra, que es muy lista, le aconsejó que se los pusiera con candados y...¡así sí!

Pero ahora: ¡no puede quitarse los pantalones! porque no se acuerda dónde dejó las llaves.

*Isabel Suárez de la Prida*

---

[1] Del libro *Cuentos tontos*, p. 22. Ed. Amaquemecan, Amecameca, México, 1991.

## EL HUEVO

Éste era un huevo...Rodando rodando cayó a un agujero.
Éste era un ratón, vio venir el huevo, creyó que era un balón.
Éste era un gato, cogió el huevo y lo metió en un saco.
Éste era un niño, se llevó el saco y se encontró:
¡UN POLLITO!

*Isabel Suárez de la Prida*

## LA PULGA

Ésta era una pulga que vivía muy a gusto en una cabeza. No tenía tiempo de trabajar, y de vez en cuando hacía fiestas.
El tiempo pasó y la cabeza, hogar de la pulga, empezó a perder pelo.
Un día que la pulga dormía en un pelo, cayó, y cuando se dio cuenta de que estaba en el piso, buscó comida y dónde vivir, pero no encontró nada.
De pronto empezó a oír un ruido fuerte y aterrador, era la terrible aspiradora. La pulga saltó y saltó pero no pudo apartarse de la aspiradora, sintió que algo la arrastraba hacia atrás, salió volando y perdió el conocimiento. Cuando volvió en sí estaba en un lugar oscuro, dio un salto, pegó contra algo y volvió a perder el conocimiento. Cuando despertó vio un rayo de luz. ¡Algo se estaba abriendo!
Una cosa gigantesca entró, era como si el cielo se le cayera en la cabeza.
Logró saltar fuera, cayó en una superficie fría y húmeda.
Muy contenta de haber salido de la horrible aspiradora iba saltando, vio un perro y rápidamente se dirigió hacia él; era algo que siempre había soñado: ¡una mansión!
Se quedó en uno de los cuartos durante un día, estaba fatigada. Después fue a conocer las habitaciones. Al entrar a una habitación vio una bella pulga, tenía las patas rojas y rechonchas como a él le gustaban.
La bella pulga se despertó y se asustó al verlo, pero luego fue como amor a primera vista, estaban enamorados.

A su boda invitaron a muchas pulgas y chinches.
Después de unos días tuvieron una pulguita ...y tuvieron muchas más.
Vivieron felices por la eternidad.

*Martín Lajous Loaeza (12 años)*[2]

## EL CUERO QUE QUERÍA SER CINTURÓN

Había una vez un cuero de León, Guanajuato, de la fábrica "3 Hermanos", que iba a ser destinado a ser zapato. Él no quería ser zapato porque se iba a raspar, le iba a doler mucho y no quería eso, prefería ser cinturón. Él sabía lo que era ser zapato porque su hermano era tenis y le contaba que siempre le pegaban con un balón. Él se escondía hasta abajo de todo el cuero para que no lo vieran.

Un día, un niño fue a la zapatería a comprar tenis porque el cuero de los suyos se había roto. Y este cuero era hermano del cuero que no quería ser zapato. Y se pusieron a platicar:

—¿Qué te pasa?

—Pues ya estoy tan usado que me vienen a cambiar —contestó el cuero del tenis roto.

—'¡Pobre de ti!', le dijo su hermano.

—Ni tanto, porque fui feliz al ver que mi dueño, al que le encantaban estos tenis, metía goles jugando futbol, robaba las bases en el beisbol, saltaba muy alto jugando básquetbol, y tanto que se divirtió conmigo, que me acuerdo el día que me estrené, todos sus amigos me estrenaron dándome leves pisotones, diciendo:

—Tenis nuevos, el estreno.

También vi cuando mi dueño se le declaró a una niña, que desde mi punto de vista estaba, no guapa, ¡guapísima!. Oye, hermano, si ser zapato no es tan feo. ¿Por qué no quieres serlo tú?

—Yo no quería ser zapato porque todos me decían que era horrible, porque te pisaban, y te pegaban, pero tú me has convencido, ¡seré zapato! Además, muchos papás crueles les pegan a sus hijos con cinturones y a mí no me gustaría pegarles.

[2] Muestra de Cuentos infantiles 1989 "Te Regalo un Sueño" (mención).

—Bueno, luego nos vemos, me tengo que ir —dijo su hermano y se despidieron.

Al día siguiente, el cuero se puso hasta arriba de todos los cueros para que lo utilizaran y así fue.

Una semana después, ya siendo zapato, bueno, tenis, un niño lo compró.

Cuando volvió a ver a su hermano le contó que ya era tenis y que se sentía muy contento porque su dueño veía jugar a las niñas, y se divertía mucho.

—Ya ves que ser zapato no es tan feo —le dijo su hermano.

—Sólo que hay un pequeño problema... Mi dueño tiene pie de atleta.

*Ernesto Mario Meade Gutiérrez (11 años)*[3]

## LA MARGARITA QUE BRILLABA COMO EL SOL

Había una vez una niña que se llamaba Alegría. Vivía a la mitad de la montaña con su abuelito Margarito, que era muy bueno. Lo que más le gustaba hacer a Alegría era cultivar flores, muchas flores y perseguir mariposas en lo más alto de la montaña. Como Alegría quería tanto a su abuelito las flores que más le gustaban eran las margaritas.

Un día, exactamente cuando Alegría cumplió nueve años, notó que el centro de una margarita, que estaba en su maceta preferida, tenía muchísimo más brillo que todas las demás margaritas. Al día siguiente descubrió que el polen de esa margarita era de oro. Desde ese día, Alegría no dejó de regar sus flores todas las tardes.

Alegría y Don Margarito habían sido muy pobres antes de su descubrimiento.

—Con el polen de oro tendremos para comprar mucha comida, abuelito —decía Alegría.

—El único oro que vale, hija, es el sol —contestaba Don Margarito.

Alegría no le hizo caso a su abuelito y con el polvo de oro compraba comida y manjares riquísimos.

[3] *Idem.*, (segundo lugar).

—¿Te gusta el caviar, abuelito? —preguntaba Alegría.
—Me gusta más la avena con leche de cabra —contestaba el abuelo.

Un día, cuando Alegría fue a comprar comida, vio un televisor a colores enorme que le encantó, y lo compró. Desde ese día compraba aparatos y juguetes que veía en las tiendas. Se hizo socia de un videoclub y todo el día veía televisión.

Un día, después de ver dos veces la película de la familia Robinson, cuando fue a recoger un poco más de polen de oro para ir de compras al día siguiente, pegó un grito tremendo:

—¡Se secó mi planta, abuelito, se secó por no regarla! —Y le echaba agua y más agua, pero la margarita mágica no revivió.

El abuelito tomó a Alegría en sus brazos, la abrazó muy fuerte, le dio un beso en la frente y le dijo:

—No llores, mañana saldrá de nuevo el sol y nos llenaremos del oro que realmente vale.

*Erica Schwarzblat (10 años)*[4]

## LA HORMIGA FLOJA

Había una vez un hormiguero muy grande y también una reina. Un día, la reina mandó llamar a todas las hormigas trabajadoras y les dijo:

—Vayan todas a trabajar.

Se fueron todas excepto una, y la reina le preguntó:

—Y tú, ¿por qué no te has ido como las otras hormigas?

Francisca le contestó:

—Porque tengo mucho sueño y flojera, ¿quiere saber por qué?

—Sí, quiero saber por qué, pero ¡ya, Francisca!

—Bueno está bien, Majestad. Fíjese que ayer fui a bailar y bailé el hormigopopotito y es por eso que tengo mucha flojera—. Y después dijo Francisca— ¿Ya me puedo ir, Majestad?

—Sí, Francisca —pero la reina pensó darle una lección.

[4] *Idem.*, (primer lugar).

Así pasaron los días y Francisca despertó y tenía mucha hambre, decidió ir a la cocina y allí se encontró a la cocinera y le pidió comida, y la cocinera le contestó:

—Ay, qué flojera tengo, y también sueño, ya me voy a dormir, hasta luego.

Francisca se quedó pensativa y se preguntó a sí misma: ahora ¿qué pasa? ¡Qué extraña está Mónica! En fin, no importa... Después buscó comida por todas partes y no encontró por ningún lado. Estaba cansada de buscar comida, se salió de la cocina y fue a la entrada del castillo y le preguntó al portero:

—¿Por qué nadie está en el castillo, Gerardo?

—Porque todos se fueron a Hormigoacapulco.

Francisca se puso muy triste, tenía hambre y como no había nada de comida, pensó en trabajar. Salió del castillo en busca de comida y tardó dos horas en llenar toda la bodega con la comida que encontró. Estaba cansadísima y dijo:

—Esto es más divertido que bailar el hormigopopotito. Y después de un rato llegó la reina y la felicitó.

—¡Bravo, Francisca, qué bien lo has hecho!

Y desde entonces Francisca es la mejor trabajadora del castillo.

*Remedios Gómez Nepamuceno (10 años)*[5]

---

[5] *Idem.*, (segundo lugar).

## EL CIRCO QUE VINO DE LA LUNA[6]

Éste es el circo que vino de
la luna.
Éste es el pueblo
donde vi el circo,
que vino de la luna.

Ésta es la estrella,
que se perdió en el pueblo,
donde vi el circo,
que vino de la luna.

Éste es Juanito,
quien encontró la estrella,
que se perdió en el pueblo
donde vi el circo,
que vino de la luna.

Ésta es la casa,
donde vive Juanito,
quien encontró la estrella,

que se perdió en el pueblo,
donde vi el circo,
que vino de la luna.

Ésta es la ventana,
que está en la casa,
donde vive Juanito,
quien encontró la estrella
que se perdió en el pueblo,
donde vi el circo,
que vino de la luna.

Ésta es la luna,
que se asomó a la ventana,
que está en la casa,
donde vive Juanito,
quien encontró la estrella,
que se perdió en el pueblo,
donde vi el circo,
que vino de la luna.

*Tere Remolina*

## PERICO GRAN ABUELO[7]

Periquito y Chiri se encontraban sentados en la parte más alta de la Pirámide del Sol en Teotihuacan. Muy contentos observaban el paisaje mientras platicaban.

—¿No sientes cosquilleo en todo el cuerpo? —le preguntó Periquito a Chiri.

—No, sólo siento el aire fresco.

—Algo me dice que si cerramos los ojos bien fuerte hasta ver estrellas de colores nos podremos transportar al pasado.

[6] De la publicación del mismo nombre, Ed. Amaquemecan, Amecameca, México, 1989.
[7] Del libro *Periquito Verde Esmeralda*, p. 45. Ed. Amaquemecan, Amecameca, México, 1985.

—¡Estás loco! Eso es imposible, además, ¿quién quiere ir al pasado?

—En primer lugar, no estoy loco y en segundo, yo sí quiero ir al pasado —contestó, muy enojado, Periquito.

—Calma, no te molestes, quizá tengas razón. Sería una aventura muy interesante— corrigió Chiri.

—Pues yo insisto en que si hacemos lo que te digo, lo lograremos. Estoy seguro de que sí.

—¡Lo dudo!, pero en fin, hay que contar hasta tres, cerramos los ojos lo más fuerte que podamos y a ver qué pasa.

—¡Unaaa, dooos, treees! —dijeron, cerrando los ojos.

Cuando Periquito empezó a ver estrellas de colores, los abrió y con la alegría más grande que puede tener un pájaro, exclamó:

—¡Viva! ¡Llegué al pasado y al lugar más bello del mundo!

Seguía sentado, pero ya no en la pirámide sino en un cerro desde el cual se vislumbraba una hermosísima ciudad entre lagos llenos de islas cubiertas de flores. Había largas hileras de casas blancas como la nieve y en vez de calles había canales por donde se deslizaban infinidad de canoas. También se podían ver muchos templos en forma de pirámide. Con alegría reconoció el *Popocatépetl* y el *Iztaccíhuatl.*

—Estás en la Gran *Tenochtitlan.* Pero cambiará y será la Ciudad de México que tú conoces, y después llegará a ser una de las ciudades más grandes del mundo— dijo una voz.

Volteó y vio a un perico idéntico a él. Sorprendido y confundido, preguntó:

—¿Quién eres tú?

—Soy Perico Gran Abuelo y soy tu pariente.

—¡Imposible. Yo nací en el Viejo Mundo!

—Sí, pero tus antepasados fueron llevados allá por Don Cristóbal Colón.

—¿Por qué sabes tantas cosas?

—Es que mis dioses me han dado un poder especial. Siempre viviré en esta época y puedo ver el pasado y el futuro. Tú estás aquí gracias a ese poder.

—¡Ah! Ya entiendo, por eso el cosquilleo... Entonces...

—¡Acércate! Pero no perdamos tiempo, pues pronto tendrás que regresar. Ven, te voy a llevar a conocer a mis dueños. Ahorita duermen, pero no tardarán en despertar.

Bajaron del cerro y Perico Gran Abuelo invitó a Periquito a ir en canoa pues era la única forma de llegar a su casa. Cuando iban acercándose, se oyeron sonar los tambores de madera desde lo alto de los *teocallis*.

—¿Por qué tantos tamborazos? —preguntó, intrigado, Periquito.

—Así saludamos a la mañana. Ahorita comienza un nuevo día.

—¡Qué bonito! Yo quiero tocar el tambor.

—Vamos con calma. Primero te presento a mis dueños y si nos da tiempo podrás tocar un tambor de madera, pero no te lo aseguro.

Periquito contemplaba todo con admiración. Creía que en Jalapa había visto más flores que en ningún lado. Pero eso no había sido nada; en la Gran *Tenochtitlan* había muchísimas más.

Llegaron a casa de Perico Gran Abuelo y bajaron de la canoa. Entraron en un cuarto que tenía muy pocos muebles. Una hermosa mujer con largas trenzas y bellos ojos negros estaba arrodillada ante un metate de piedra, moliendo maíz para hacer sabrosas tortillas.

—Mira, ella es mi dueña y el señor que se está subiendo a la canoa es mi dueño. Está saliendo para su trabajo.

—¿Dónde trabaja?

—Es artesano y hace joyas para los reyes.

—¡Ah! Entonces es tan importante como mis dueños, ¿verdad?

—Así es.

—¿Por qué no me llevas a ver cómo hacen las joyas?

—¡Sí! con gusto, vamos.

Alcanzaron al dueño de Gran Abuelo y subieron a la parte trasera de la canoa.

Serenamente transitaban por los hermosos canales, pasaron frente a muchas casas parecidas a la de Gran Abuelo, todas con patios llenos de flores.

El palacio donde trabajaba el dueño de Gran Abuelo era inmenso y tuvieron que pasar por grandes salones y corredores para llegar al taller. Periquito pegó un salto al ver lo que ahí había. ¡Un tesoro increíble! Maravillado vio montones de oro, plata, turquesas, corales, amatistas y perlas. También vio incontables plumas multicolores con las que hacían adornos para la cabeza, conocidos como penachos. Periquito, al instante, tomó una vasija de barro y la empezó a llenar de piedras preciosas.

—Esto lo tiene que ver Chiri. Si se lo platico no me lo va a creer.

Cuando tenía la vasija casi llena oyó que le gritaban:

—¿Qué estás haciendo aquí, perico infame? ¡Ladrón de joyas! Ahorita mismo te llevo con mi soberano. ¿Qué no sabes que todo lo que aquí se encuentra es sagrado?

Muy espantado, con la vista buscaba a Perico Gran Abuelo, pero no lo pudo encontrar. Trató de dar explicaciones, pero el guardián estaba tan enojado que Periquito decidió retirarse de prisa. En eso estaba cuando chocó con Gran Abuelo.

—¡Ayúdame! Me quieren llevar con el emperador, dicen que soy un ladrón. Lo único que quería era llevarle una muestra del tesoro a Chiri. Pero no soy un ladrón. ¡Te lo prometo!

—Lo sé. Sígueme y no voltees.

Hábilmente lograron escapar por los túneles secretos del palacio.

—Siento mucho que no le puedas llevar a tu hermano Chiri ninguna piedra preciosa.

—¡Es verdad, lástima! Oye, pero Chiri no es mi hermano, es mi amigo y compañero.

—Pero tu hermano será —respondió con voz de sabiduría Perico Gran Abuelo. Después sacó una obsidiana de debajo de sus alas y se la entregó.

—Para que nunca te olvides de mí. Pero te voy a pedir un favor. No la muestres a nadie ni platiques que estuviste aquí. Porque si así lo hicieras perdería mis poderes.

—¡No tengas cuidado Abuelo! Nadie sabrá nada y esta piedra la guardaré toda mi vida. ¡Muchas gracias!

—Ahora tendrás que regresar, pues tu tiempo en el pasado está por terminarse.

Se despidieron cariñosamente y en un santiamén Periquito se encontró sentado junto a Chiri, que en ese momento estaba abriendo los ojos.

—¡Te lo dije! No pasa nada y de aquí no nos hemos movido —gritó triunfante.

—¡Tienes razón! Tú ganas, yo me equivoqué —contestó, aparentando estar derrotado.

Sonriendo discretamente, tocó su piedra y en la libreta apuntó:
"Experiencia inolvidable:
Viaje al pasado y encuentro con Gran Abuelo".

*Martha Sastrías*

## TRILONIUS

Nadie, ni siquiera los más estudiosos, se pueden explicar cómo, hace millones de años, cuando el hombre no había aparecido en la Tierra, vivían juntos y en armonía, un dinosaurio, un mastodonte, un mamut, un sintetóceras y un teleóceras.
El más elegante y atractivo era el sintetóceras. Tres hermosos cuernos como ramas de árbol adornaban su cabeza, dos sobre la frente y uno casi sobre la nariz. Además, a pesar de ser un animal muy grande, corría con soltura y velocidad. El más feo era el teleóceras, mejor conocido como Tele; parecido a un tanque blindado, grande, torpe y tosco. Tenía un cuerno muy pequeño sobre su gigantesca nariz. Por tal razón envidiaba el tercer cuerno de Trilonius, que así llamaban al Sintetóceras.
Los animales la pasaban muy bien, nada les preocupaba. Comían, tomaban el sol y dormían plácidamente. Pero algo, según ellos inexplicable, vino a turbar su paz. En una ocasión, cuando no se oía ni el ruido del aire, de súbito la tierra empezó a moverse, los árboles se agitaron de un lado a otro y un aullido espantoso se escuchó.
Todos, muy asustados, corrieron a ver que ocurría. Encontraron al mamut pateando y soplando con furia.
—¿Qué sucede?, preguntaron todos.
Con voz de trueno, el mamut contestó:
—Algo me picó. Estaba muy tranquilo, cuando de pronto sentí un terrible piquete; al voltear me di cuenta de que no había nadie. Eso es lo que me enfurece, grrr... ¿Quién pudo ser? No me lo explico, grrr... ¡Debe haber sido un fantasma!
—¡Estás loco!, los fantasmas no existen —dijo Tele.

—Será mejor que investiguemos qué es lo que está pasando —asintieron todos.

Con mucho cuidado, buscaron los rastros de algún extraño, pero no encontraron nada, solamente se veían sus propias huellas. Entonces calmaron al mamut y cada quien tomó un rumbo diferente.

En otra ocasión, se vio salir fuego de la tierra.

—¡Fuego, fuego! ¡Nuestra pradera se quema! ¡Pronto, vamos a apagarlo! —gritó Tele.

Alarmados, llegaron al lugar del desastre y sorprendidos vieron al mastodonte tirado en el suelo, echando bocanadas de fuego.

—¡Se está muriendo! —chilló el dinosaurio.

—¡No me estoy muriendo! Acabo de sentir un espantoso piquete —vociferó el mastodonte.

—¡Tú también! —exclamó el mamut.

—¡Sí, sí, yo también lo sentí, pero lo que me pone furioso es que no había nadie por aquí!

—¡Les digo que fue un fantasma! —gritó el mamut.

—¡Imposible! ¡Los fantasmas no existen! —aseguró Trilonius, el de los tres cuernos.

—Esto no puede seguir así, tenemos que averiguar qué es lo que está sucediendo. Vayamos al otro lado de la pradera a consultar al Ave que todo lo sabe.

Todos estuvieron de acuerdo y de inmediato emprendieron el viaje. Después de una lenta caminata, llegaron a la cueva del Ave y le explicaron su problema.

—¿No han visto quién anda por ahí cuando sienten el piquete? —les preguntó.

—¡No! —contestaron todos. Nunca hay nadie alrededor. Esto siempre pasa cuando estamos solos.

—Entiendo. Lo que sucede es que ustedes son tan grandes y pesados que cuando terminan de voltear la cabeza el que los picó ya está muy lejos. Pero yo me encargaré de que pronto descubran al causante de esta maldad.

Por mucho tiempo los saurios no volvieron a sentir los molestos piquetes. Para celebrarlo, hicieron una fiesta.

Mientras bailaban, el mamut gritó furioso:

—¡Alguien me acaba de picar!

Sin esperar más, se echó encima del dinosaurio que estaba junto a él. Los dos se golpearon fuertemente. Entre golpe y golpe, el dinosaurio vociferaba:

—¡Yo no fui, juro que no lo hice!

Pero el pleito no terminó hasta que los demás los separaron y los calmaron. Trilonius estaba en un rincón muerto de la risa. Tele se le acercó y le dijo:

—Sé por qué ríes con tantas ganas. Tú eres el que goza dando picotazos a todo el mundo. ¿Para eso te sirve el tercer cuerno que llevas sobre la nariz, ¿verdad?

—Sí, sí, ja, ja, ja, ¿no es gracioso? —exclamó, divertido, Trilonius.

—No me parece nada chistoso —respondió Tele.

—¿Cómo me descubriste? —interrogó Trilonius.

—El Ave que todo lo sabe me mandó vigilarte. He seguido tus pasos desde entonces. Ahora mismo todos sabrán la verdad.

—¡No digas nada, se vengarán de mí! —suplicó Trilonius.

—Muy bien, no les diré nada, pero con una condición.

—¿Qué condición? —preguntó, ansioso, Trilonius.

—Que me regales el cuerno que te sobra, el que usas para molestarnos.

—¡Eso nunca! —saltó Trilonius, indignado.

Tele llamó a todos sus amigos y les dijo:

—Tengo una noticia muy importante que darles...

Trilonius lo interrumpió y en secreto le dijo:

—Acepto, te regalo mi cuerno.

Tele se lo puso debajo del suyo y, feliz, se los mostró a todos.

—¿De dónde sacaste ese cuerno? —le preguntaron sus amigos.

—Me lo encontré detrás de los matorrales —inventó, para no delatar a Trilonius.

—¿Qué tal me veo?

—Te sienta muy bien.

Al escuchar esto, Trilonius se sintió muy triste y se fue a refugiar a las montañas. ¡Cómo extrañaba su tercer cuerno!

Tele, en cambio, estaba feliz con un cuerno digno de su tamaño. El Ave que todo lo sabe, al verlo, le puso un nombre nuevo: rinoceronte. Desde entonces, los saurios lo llamaban "Rino".

Trilonius nunca regresó. Después de mucho tiempo supieron que su amigo había encontrado una compañera en la montaña. Se enteraron también que, por una extraña razón, sus hijos nacieron con sólo dos cuernos arbolados y que el Ave que todo lo sabe le indicó que todos sus descendientes, en el futuro siempre se llamarían **Venados**.

*Martha Sastrías*

## EL CONEJO QUE QUERÍA SER AZUL

Había una vez un conejo llamado Blanquito. Una vez estaba paseando por el bosque cuando, de pronto, encontró un riachuelo y se acercó. Se asomó a él y vio su reflejo, ¡era azul! Se vio tan bonito que quiso ser azul. Después de mucho rato fue a ver a su amigo el caballo.

—¡Hola, amigo caballo! —dijo el conejo.

—¡Hola, amigo conejo! ¿Hay algún problema?

El conejito le contestó:

—Lo que pasa es que quiero ser azul.

—¡Azul! ¿Cómo es eso, conejito? A mí me gustas blanco; además, así eres.

—Sí, pero me gustaría ser azul —contestó el conejo.

—Bueno, haz lo que quieras —dijo el caballo un poco molesto.

El conejo se fue muy triste y de pronto se le ocurrió pintarse de azul con pintura. Fue por un bote de pintura y se metió en él. Pero al otro día cuando se bañó se despintó todo y se puso muy triste otra vez. Fue a ver a la abeja y le preguntó que cómo se podía pintar de azul. Pero la abeja le contestó lo mismo que el caballo.

Se puso triste y caminó por el bosque y la montaña. Vio una rosa blanca y dijo:

—Creo que mi amigo el caballo y mi amiga la abejita tenían razón, me veo mejor como soy —y se fue a pedirles una disculpa por su tontería y vivió feliz para siempre.

*Renato Cárdenas Victoria (8 años)*[8]

México, 1985.

## LA BOLSA MÁGICA[9]

La mañana despertó alegre y cálida aquel primer día de vacaciones.

—Mamá —dijo Isa— me gustaría ir a jugar al parque.

—Ve —asintió la mamá—, pero no vengas tarde para la comida.

Isabel fue por su prima Fernanda y juntas se dirigieron al jardín cercano. Allí, después de perseguir mariposas y contar las rosas blancas —que eran sus preferidas— decidieron jugar a las escondidas.

—Uno, dos, tres por mí —decían cuando, sin haber sido vista alguna de las dos, llegaba al árbol elegido como base.

Era el turno de Isabel para buscar. Mientras recorría con la vista las avenidas del parque tratando de ver a su prima a través de las plantas, reparó en un bulto oscuro que estaba sobre una banca. Corrió hasta ella y al llegar se dio cuenta de que era una bolsa de piel, negra y voluminosa.

Qué raro —pensó la niña— alguien debe haberla olvidado. Sin embargo, no se veía a nadie por allí.

—La guardaré y siempre que venga al parque la traeré conmigo —dijo en voz alta—; de este modo, si la dueña me ve reconocerá su bolsa.

Esa tarde no se habló de otra cosa en casa de Isabel que de la extraña bolsa que había encontrado en el parque.

—Debe ser de algún poeta distraído —dijo su padre al notar entre los objetos que contenía algunos versos y cuentos escritos a mano sobre hojas amarillentas.

—No, debe ser de un mago —agregó Luis mientras iba sacando flores de vistosos colores, estrellas brillantes y pequeñas luciérnagas que por la noche despedían una tenue luz.

—¡Más bien de un coleccionista! —dijo Tere emocionada al encontrar frascos de diversos tamaños que contenían: alas de insectos, cuernos de caracol, patas de araña y un tubo de pegamento.

---

[8] Muestra de Cuentos Infantiles 1988 "Te Regalo un Sueño" (mención).
[9] Del libro *Todas se llaman Isabel*, pp. 19-22. Ed. Amaquemecan, Amecameca,

—Podría también ser de un músico —dijo Gaby, sacando una extraña flauta a lo largo de la cual se podían ver anotaciones como: grillo, rana, pájaro, etc., señalando diferentes agujeros.

Aunque no se pusieron de acuerdo respecto al posible dueño de la bolsa, todos coincidieron en reconocer que contenía objetos muy extraños.

Los días siguientes, Isabel fue al parque siempre llevando la gran bolsa de cuero, pero nunca hubo persona que la reclamara.

Pasado el tiempo, la niña pensó que podía conservar la bolsa como suya, pero siguió con la costumbre de llevarla al jardín cada vez que iba.

Una mañana fría en que Fernanda no pudo acompañarla, por estar resfriada, encontró una libélula que se agitaba en el suelo desesperada.

—¿Qué tienes? —preguntó la niña— ¿Por qué no vuelas?

—Es que he perdido un ala —dijo la libélula agitando la única que le quedaba.

—¡Qué pena! Si yo pudiera ayudarte... —exclamó la niña mientras revolvía pensativa el contenido de la bolsa que colgaba de su brazo.

Entonces, sin quererlo, su mano localizó un frasco lleno con alas de diferentes colores y tamaños y, sacándolo, con mucho cuidado escogió una grande y de igual forma que el ala que faltaba a su amiga. Después puso en ella una gotita de pegamento, la colocó en el lugar adecuado y pidió a la libélula que permaneciera sin moverla para que pegara bien. Después de un rato, la libélula voló contenta y agradeció a Isabel su ayuda, dando dos vueltas a su alrededor.

En otra ocasión encontró a una ranita cerca de la fuente. Isa la había oído cantar muchas veces al atardecer.

—¿Por qué no cantas hoy, amiga rana? Hace días que no te escucho.

—Es que he olvidado la melodía.

—No puede ser —dijo la niña—. Inténtalo otra vez, verás que sí puedes.

Pero la rana produjo un sonido extraño que no correspondía en nada al canto que ella conocía.

—¿Lo ves? —repitió la rana acongojada— he olvidado la melodía.

—No te preocupes —dijo Isabel mientras buscaba en la bolsa. Sacó la flauta y sopló, tapando los agujeros donde decía: rana.

—Croak, croak —se escuchó en todo el jardín. La rana intentó imitar el sonido. Al principio no pudo hacerlo, pero después de varios intentos logró cantar como siempre.

—Gracias —dijo la rana, y se alejó croando.

Según pasaba el tiempo más le gustaba a Isa su bolsa pues en ella encontraba siempre remedio para los males de los demás. Cuando buscaba algo, por insólito que fuera, lo encontraba entre los objetos que la bolsa contenía.

Una mañana, mientras jugaba en el parque, pasó junto a ella un hombre corriendo y le arrebató la bolsa.

Isabel gritó sorprendida y corrió tras él; pero sus piernas eran pequeñas y acabó por quedar agotada sin haberlo alcanzado.

Esa noche la niña no pudo dormir; pensaba con angustia que ya nunca podría ayudar a nadie si no poseía su bolsa mágica. Lloró tanto que sus ojos enrojecieron y sus sábanas se empaparon. Cuando se le acabaron las lágrimas pensó que tal vez ella podría tener una bolsa como aquélla si se ocupaba de juntar muchos objetos, que aunque fueran raros, pudieran servirle alguna vez.

Así, cuando llegó la Navidad pidió a sus padres que su regalo fuera una bolsa grande de cuero negro en la que cupieran muchas cosas. En ella puso: polvo de estrellas, antenas y alas de mariposa; pedazos de nube, brisa marina, aroma de bosque y todo lo que pensó que pudiera necesitar. Recordó con tristeza los versos y cuentos que alguna vez le sirvieron para entretener a sus amigos y desolada imaginó que esos nunca podría reemplazarlos.

Aquella tarde Isabel estaba triste. En un rincón de la habitación, a oscuras, lamentaba lo que había perdido. Así la encontró su padre y cuando ella le contó su pesar él le dijo:

—Tal vez tú puedas escribir versos y cuentos como aquéllos. ¿Por qué no lo intentas?

Isabel lo intentó y encontró con sorpresa que podía hacerlo y muy bien. Y así siguió su vida, llevando siempre consigo aquella bolsa mágica y sacando de ella extraños objetos que siempre resultaban ser útiles para los demás.

*Tere Remolina*

# Apéndice

# Libros selectos para los niños

En esta sección hemos enlistado un buen número de libros que consideramos un material bueno, ameno y adecuado para los niños. Anotamos, a manera únicamente de orientación, la edad para la que se sugieren, pero de ningún modo se pretende establecer una indicación estricta pues, como ya hemos repetido a lo largo del libro, debemos primero conocer a los niños con los que vamos a trabajar, antes de seleccionar el material de lectura.

Siempre que sea posible, debe dejarse a los niños en libertad de hacer sus propias selecciones, lo que nos permitirá conocer la clase de literatura que prefieren en cada edad. De acuerdo con esto, podremos clasificar los libros con mayor exactitud y manejarlos con más eficacia cada vez.

## Para niños de 4 años

COLECCIÓN *LIBROS PARA MIRAR*. Adriana D'Atri, Ed. Altea, España,1986

COLECCIÓN *PARA PULGUITAS*. Margarita Robleda, Ed. SITESA, 1990

CUENTOS *TRILLAS PARA VER* (13 títulos). Ed. Trillas, México, 1989

EL PORRAZO (imágenes). Mercé Aránega, Ed. Teide, España, 1985

LOS MUÑECOS DE PAN (imágenes). Valentina Cruz, Ed. Teide, España, 1985

LOS PIRATAS EN CASA (imágenes). Joma, Ed. Teide, España, 1985

MI SEÑORA TIGRESA (imágenes). Montse Ginesta, Ed. Teide, España, 1985

PATIM, PATAM, PATUM (imágenes). Varios autores, Ed. Teide, España, 1984

## Para niños de 5 años

ATRÁS DE LA RAYA (sin texto). Rafael Barajas, SEP-Libros del Rincón, México, 1987

BUENAS NOCHES LUNA. Margaret Wise Brown, Ed. SI-TESA, México, 1989

COLECCIÓN *MIS PRIMEROS LIBROS DE IMÁGENES*. Ed. Juventud, España, 1986

COLECCIÓN *MIS PRIMEROS PASOS*. Ed. Anaya, España, 1987

COSAS Y COSITAS. Ma. de la Luz Uribe, Ed. Espasa Calpe, España, 1987

EL CANTO DEL CENZONTLE. Luis de la Peña, CONA-FE, México, 1989

EL TERRIBLE MARTES. Hazel Townson, Ed. Espasa Calpe, España, 1987

LA GALLINA TINA. Esther Hernández, Ed. Trillas, México, 1988

UNA HISTORIA CON COLOR. Ma. Teresa Romero, Ed. Trillas, México, 1986

## Para niños de 6 años

¿A DÓNDE VAS TOMÁS? Eduardo Robles Boza, Ed. Trillas, México, 1983

¿A QUÉ JUGAMOS? (juegos y lírica infantil). CONAFE, México, 1988

ABC ANIMALES. Federico Vanden Broek, Ed. Patria, México, 1988

ADIVINANZAS INDÍGENAS. Elisa Ramírez, Ed. Patria, México, 1987

AMAPOLITA. (coplas) Luz Ma. Chapela, SEP-CONAFE, Ed. Trillas, México, 1988

COLECCIÓN *CÓMO SON*. Ed. SITESA, México, 1986, 1988, 1989

COLECCIÓN *CUENTOS DEL PAJARITO REMENDADO*. Ed. Colihue, Argentina, 1987

COLECCIÓN DE RIMAS: *ARRIBA Y ABAJO POR LOS CALLEJONES, ESTE MARRANITO SE FUE A LA PLAZA, PERIQUITO EL BANDOLERO, SANA, SANA*. Laura Fernández y Maribel Suárez, Ed. SITESA, México, 1989

COLECCIÓN *EL MEDIO AMBIENTE*. Ed. Patria, México, 1987

COLECCIÓN *LA FLORA*. Ed. Patria, México, 1986

COLECCIÓN *LA TORRE Y LA ESTRELLA*. Ediciones S.M., España, 1987

COLECCIÓN *LEYENDO SOLITOS*. Sara Gerson, Ed. Trillas, México, 1986

COLECCIÓN *VEO VEO*. MI PRIMERA BIBLIOTECA. Ed. Orbis Plaza Joven, España, 1987

CUENTO DE JUNIO. Susana Mendoza, Ed. Amaquemecan, México, 1984

CUENTOS Y VERSOS PARA JUGAR. Esther Jacob, Ed. Trillas, México,1988

DOÑA PIÑONES. Ma. de la Luz Uribe, Ekare-SEP, México, 1987

EL ALGODÓN. Silvia Molina, Ed. Patria, México, 1987

EL CIRCO QUE VINO DE LA LUNA. Tere Remolina, Ed. Amaquemecan, México, 1989

EL COCO COCO COCOTERO. Armida de la Vara, SEP-Libros del Rincón, México, 1987

EL GORRO DEL DUENDE. Isabel Suárez de la Prida, Ed. Amaquemecan, México, 1989

EL MOLINILLO. Isabel Suárez de la Prida, Ed. Amaquemecan, México, 1989

EL MOTIVO DE UNA FLOR. Heller, Ed. Grijalbo, México, 1989

EL REINO DEL REVÉS (rimas, juegos de palabras). María Elena Walsh, Ed. Amaquemecan, México, 1989

ENCICLOPEDIA INFANTIL COLIBRÍ. SEP-Salvat, México, 1979

HISTORIAS DE CONEJOS. Janosch, Ed. Espasa Calpe, España, 1983

LA LUNA QUE PERDIÓ EL CAMINO. Enric Larrela, Ed.Teide, España, 1986

LA PIÑATA. Leticia Méndez, Ed. Patria, México, 1987

LA ZONA DEL SILENCIO. Magolo Cárdenas, Ed. Patria, México, 1984

LAS GALLINAS SON ÚNICAS. Heller, Ed. Grijalbo, México, 1989

LEYENDAS MAYAS. Domingo Dzul Poot, Ed. Patria, México, 1987

LUIS Y SU GENIO. Laura Fernández, Ed. Trillas, México, 1986

PÁJAROS EN LA CABEZA. Laura Fernández, Ed. Trillas, México, 1983

PLANTAS QUE NUNCA FLORECEN. Heller, Ed. Grijalbo, México, 1989

RAFA EL NIÑO INVISIBLE. Nuria Gómez y Maripé Fenton, SEP-Libros del Rincón, México, 1987

SERIE *INICIACIÓN EN LA LECTURA*. Ed. SITESA, México, 1989

SERIE *JUANITO EL GUSANITO DE LA MANZANA*. Ziraldo, Ed. Buki, México, 1989

UNA RANA EN UN ÁRBOL. Judy Goldman, Ed. Trillas, México, 1987

## Para niños de 7 años

A JUGAR CON CUENTOS. Esther Jacob, Ed. Trillas, México, 1987

623 ADIVINANZAS POPULARES Y UN PILÓN DE Margarita Robleda. Ed. SITESA, México, 1988

BICHOS DE ÁFRICA I, II Y III. Rogerio Andrade, SEP-Libros del Rincón, México, 1988

CANCIONES PARA TODO EL AÑO. Ángela Aymerich, Ed. Trillas, México, 1984

CANCIONES Y POEMAS PARA NIÑOS. Federico García Lorca, Ed. Labor, España, 1986

CINCO PLUMAS DE COLORES. Tere Remolina, Ed. Amaquemecan, México, 1984

COLECCIÓN *CUENTOS DEL TÍO PATOTA*. Eduardo Robles Boza, Ed. Trillas, México, 1983

COLECCIÓN *MARGARITA CUENTACUENTOS*. Margarita Heuer, Ed. Trillas, México, 1984

COLECCIÓN *QUIERO CONOCER*. Ed. SITESA, México, 1986, 1988, 1989

COLECCIÓN *TEO DESCUBRE EL MUNDO*. Ed. Timun, S.A., España, 1985

CUENTOS DEL HIERBAZAL. Gilberto Rendón Ortiz, Ed. Amaquemecan, México, 1983

DE QUE SE PUEDE SE PUEDE. Margarita Robleda, Ed. Amaquemecan, México, 1983

EL CABALLITO JOROBADITO. Yerchoff, SEP-Libros del Rincón, México, 1988

EL COCUYO Y LA MORA. Fray Cesáreo de Armellada, Ed. Ekare-SEP, México, 1987

EL CULTIVO SORPRESA. M.D. Alibés, Ed. Teide, España, 1984

EL FANTASMA DEL PALACIO. Mira Lobe, Ediciones S.M., España, 1983

EL GIGANTE. Liliana Santirso, Ed. Amaquemecan,México, 1986

EL HUMITO DEL TREN Y EL HUMITO DORMIDO. Ricardo Garibay, Ed. CIDCLI, México, 1984

EL MONO LISTO. Oscar Muñoz, CONAFE, México, 1989

EL MUÑECO DE NIEVE. Janoch, Ed. Anaya, España, 1988

ELMEKIN Y LA SERPIENTE. Rossana Bohorquez, Ed. Trillas, México, 1988

EN BUSCA DE LA LLUVIA. Tere Remolina, Ed. Amaquemecan, México, 1986

HECHIZOS. Becky Rubinstein, Ed. Amaquemecan, México, 1985

HISTORIAS DE UN HILO. Susana Mandoza, Ed. Amaquemecan, México, 1984

LA VUELTA AL MUNDO. Javier Villafañe, Ed. Espasa Calpe, España, 1986

MARGARITA (poesía). Rubén Darío, SEP-Libros del Rincón, México, 1985

MARITA RATITA Y LOS DUENDES. Mireya Carrera Bolaños, Ed. Trillas, México, 1988

MI LIBRO DE NAVIDAD. Grupo CUICA, Ed. SITESA, México, 1986

MI PUEBLO SE LLAMA SAN AGUSTÍN. Luz Ma. Chapela, SEP/Gob. de Tlaxcala, 1988

MIAU DIJO EL GATO (refranes). Rafael L. Castro y Felipe Garrido, Ed. Del Ermitaño, México, 1985

MIGUEL Y EL DRAGÓN, Elizabeth Heck, Ediciones S.M., España,1983

NO ME MARAVILLARÍA YO (trabalenguas). Luz Ma. Chapela, SEP-CONAFE, México, 1988

PEPE, SANDRA Y LA BARDA. Judy Goldman, Ed. Trillas, México, 1987

PERIQUITO VERDE ESMERALDA. Martha Sastrías de Porcel, Ed. Amaquemecan, México, 1985

TE CANTO UN CUENTO. Antonio Ramírez Granados, Ed. Amaquemecan, México, 1985

TRABALENGUAS, COLMOS, TANTANES, REFRANES Y UN PILÓN. Margarita Robleda, SITESA, México, 1989

UN CIEMPIÉS DESCALZO. Tere Remolina, Ed. Trillas, México, 1987

VERSOS DE DULCE Y DE SAL. Antonio Ramírez Granados, Ed. Amaquemecan, México, 1986

VIAJES DE OZOMATLI Y DON ARMADILLO. Mireya Cueto, Ed. Amaquemecan, México, 1985

YO SIEMPRE TE QUERRÉ. Hans Wilhem, Ed. Juventud, España, 1989

## Para niños de 8 años

ASÍ CUENTAN Y JUEGAN EN LA HUASTECA (narrativa, lírica, juegos). CONAFE, México, 1988

CANCIONERO MEXICANO. Selección Ma. Luisa Valdivia, SEP-Trillas, México, 1988

COLECCIÓN *A JUGAR UN CUENTO* (Popol Vuh, Leyenda del maíz). E. Jacob, Ed. Trillas, 1987

COLECCIÓN *BARRIL SIN FONDO*. Conaculta Celta-Amaquemecan, México, 1990

COLECCIÓN *CUENTOS DEL RELOJ*. Ed. CIDCLI, México, 1984

COLECCIÓN *LA HORMIGA DE ORO*. Ed. CIDCLI, México, 1985

COLECCIÓN *LOS DRAGONES DE PANDUKI*. Judy Goldman, Ed. Trillas, México, 1990

COLECCIÓN *LOS VIAJES DE PLUBIO*. Sara Gerson, Ed. Trillas, México, 1985

CUÁNTOS CUENTOS CUENTAN. CONAFE, México, 1988

CUÉNTANOS LO QUE SE CUENTA. CONAFE, México, 1988

CUENTOS DE AMECAMECA. Isabel Suárez de la Prida, Ed. Amaquemecan, México, 1986

CUENTOS DE UN MARTÍN PESCADOR Y SU VIAJE POR MÉXICO. M. Sastrías, SITESA, México, 1988

DE LA "A" A LA "Z" POR UN POETA. Fernando del Paso, Ed. Diana, México, 1990

DONDE DUERME EL AGUA. Angela C. Iunesco, Ed. Labor, España, 1986

DOS HISTORIAS PARA UN SUEÑO. Eloy Pineda, Ed. Amaquemecan, México, 1985

EL ENANO ADIVINO DE UXMAL. Carmen Cook de Leonard y P. Bayona, Ed. Del Ermitaño, México, 1985

EL LIBRO DE LA LUNA (poesía). Blanca L. Pulido y E. Climent, Ed. Del Ermitaño, México, 1985

EL MANCHAS. Marinés Medero, SEP-Limusa, México, 1986

EL PAÍS DE HABÍA UNA VEZ. Margarita Pierini, Ed. Amaquemecan, México, 1983

EL PIZARRÓN ENCANTADO. Emilio Carballido, Ed. CIDCLI, México, 1984

EL SOL ES UN TECHO ALTÍSIMO. Liliana Santirso, Ed. Amaquemecan, México, 1987

EL TIGRE QUE PERDIÓ SUS RAYAS. Anthony Paul, Ed. SITESA, México, 1989

INVÉNTAME UN CUENTO. Becky Rubinstein, Ed. SITESA, México, 1989

LA BALLENA. Eloy Pineda, Ed. Amaquemecan, México, 1985

LOS LISERES. Carlos Isla, Ed. CIDCLI, México, 1984

NO ERA EL ÚNICO NOÉ. Magolo Cárdenas, SEP-Libros del Rincón, México, 1987

SOL DE MONTERREY (poesía). Alfonso Reyes, SEP-Trillas, México, 1988

TAJÍN Y LOS SIETE TRUENOS. P. Bayona y Felipe Garrido, Ed. Del Ermitaño, México, 1985

TODAS SE LLAMAN ISABEL. Varios autores mexicanos, Ed. Amaquemecan, México, 1989

TODAVÍA NO TE HE CONTADO. Iris Grender, Ed. Espasa Calpe, España, 1987

UN ÁRBOL GATOLÓGICO. Becky Rubinstein, Ed. Amaquemecan, México, 1988

UN DÍA EN LA VIDA DE CATALINA. Berta Hiriart, Ed. CIDCLI, México, 1984

UN DUENDE A RAYAS. María Puncel, Ediciones S.M., España, 1982

## Para niños de 9 años

CELESTINO Y EL TREN. Magolo Cárdenas, SEP-Libros del Rincón, México, 1982

COCORI. Joaquín Gutiérrez, Ed. Educa, Costa Rica, 1984

COLOR DE TIERRA. Isabel Suárez de la Prida, Ed. Amaquemecan, México, 1984

COSECHA DE VERSOS Y REFRANES. Luis de la Peña, CONAFE, México, 1989

CUENTOS DE PASCUALA. Teresa Castelló Iturbide, SEP-Porrúa, México, 1986

EL LIBRO DEL MAR (poesía). Gabriela Becerra, Ed. Del Ermitaño, México, 1985

FRAY PERICO Y SU BORRICO. Juan Muñoz, Ediciones S.M., España, 1980

HABÍA OTRA VEZ (cuentos, coplas, refranes). E. Jacob, Ed. Terra Nova, México, 1982

LLAMO A LA LUNA SOL Y ES DE DÍA (poesía). Martha Acevedo, SEP-Libros del Rincón, México, 1988

PALABRAS QUE ME GUSTAN. Clarisa Ruiz, Ed. Norma, Colombia, 1987

SALVEN MI SELVA. Mónica Zak, Ed. SITESA, México, 1989

TRES CUENTOS DE PÁJAROS. Hanna Muschy, Ed. Espasa Calpe, España, 1987

## Para niños de 10 años

ASÍ CANTAN Y JUEGAN EN LOS ALTOS DE JALISCO. CONAFE, México, 1988

CANTA PÁJARO LEJANO. Juan Ramón Jiménez, Ed. Espasa Calpe, España, 1984

COLECCIÓN *A LA ORILLA DEL VIENTO*. Fondo de Cultura Económica, México, 1991

COLECCIÓN *EL DUENDE VERDE*. Ed. Anaya, España, 1988

COSTAL DE VERSOS Y CUENTOS. CONAFE, México, 1988

CUCHO. José L. Olaizola, Ediciones S.M., España, 1983

EL JUEGO DE LAS CUATRO ESQUINAS Y OTROS CUENTOS. G. Rodari, Espasa Calpe, España, 1987

HISTORIAS POLICIACAS DIVERTIDAS. Wolfgang Ecke, Ed. Espasa Calpe, España, 1984

LA CONFERENCIA DE LOS ANIMALES. Erich Kastner, Ed. Alfaguara, España, 1984

LA LUZ ENCERRADA. Angela C. Iunesco, Ed. Labor, España, 1987

LAS AVENTURAS DE LOS DETECTIVES DEL FARO. Klaus Bleisener, Ed. Espasa Calpe, España, 1985

LAS TRES MANZANAS DE NARANJA. Ulalume G. de León, Ed. CIDCLI, México, 1982

MARIPOSA DEL AIRE (canciones y poemas). Federico García Lorca, Ed. Colihe, Argentina, 1989

MERMELADA DE ANCHOAS (poemas, adivinanzas). Carmen Santoja, Ed. Espasa Calpe, España, 1989

SI VES PASAR UN CÓNDOR. Carlos Ocampo, Ed. Amaquemecan, México, 1986

## Para niños de 11 años

A GOLPE DE CALCETÍN. Francisco Hinojosa, SEP-Libros del Rincón, México, 1982

AL OTRO LADO DE LA PUERTA. Marinés Medero, SEP-Libros del Rincón, México, 1986

ASÍ CANTAN Y JUEGAN EN EL SUR DE JALISCO, CONAFE, México, 1988

BARCAS VOLADORAS. Liliana Santirso, Ed. Amaquemecan, México, 1983

COL. AURIGA. Defoe, Stevenson, B. Perez Galdós, Altamirano, Ed. Fernández, 1987

COLECCIÓN *BOTELLA AL MAR*. SEP-CONACULTA, Coedición varias editoriales, México, 1990

COLECCIÓN *CLÁSICOS ILUSTRADOS*. Ed. Trillas, México, 1989

COLECCIÓN *TUS LIBROS*. Oscar Wilde, Chesterton, C. Doyle. Ed. Anaya, España, 1983

CUENTOS DESCONTENTOS. Rocío Sanz, SEP-Libros del Rincón, México, 1987

EL JOVEN REY. Oscar Wilde, Ed. Espasa Calpe, España, 1987

EL TEATRO DE LAS SOMBRAS. Michael Ende, Ediciones S.M., España, 1988

EL TORNAVIAJE. Armida de la Vara, SEP-Libros del Rincón, México, 1986

LAS AVENTURAS DE TOM SAWYER. Mark Twain, Ed. Fernández, México, 1987

LOS ENSUEÑOS DE DON SILVESTRE. Roberto López Moreno, Ed. Amaquemecan, México, 1986

MARISMEÑO. Gilberto Rendón Ortiz, Ed. Amaquemecan, México, 1985

¿QUIÉN SOY YO? Gianni Rodari, Ed. Aliorna, España, 1989

## Para niños de 12 años

AGNES CECILIA. María Gripe, Ediciones S.M., España, 1984

CHARCOS EN EL CAMINO. Alan Parker, Ediciones S.M., España, 1985

COLECCIÓN *GRANDES AVENTURAS*. Ed. Forum, España, 1985

CUENTATRAPOS. Víctor Carvajal, Ediciones S.M., España, 1985

EL DONADOR DE ALMAS. Amado Nervo, Ed. La Oca, México, 1989

EL EXTRAÑO CASO DEL DR. JEKYLL Y MR. HYDE. L. Stevenson, Ed. La Oca, México, 1989

EL FUEGO DE LOS PASTORES. Concha López Narváez, Ed. Espasa Calpe, España, 1987

EL JUEGO DE LAS CUATRO ESQUINAS. Gianni Rodari, Ed. Espasa Calpe, España, 1987

EL PÁJARO BELVEDERE. Italo Calvino, Ed. Espasa Calpe, España, 1987

LA COLINA DE EDETA. Concha López Narváez, Ed. Espasa Calpe, España, 1986

LA HIJA DEL ESPANTAPÁJAROS. María Gripe, Ediciones S.M., España, 1985

LA HISTORIA INTERMINABLE. Michael Ende, Ed. Alfaguara, España, 1984

LA LUZ QUE REGRESA. Salvador Elizondo, Ed. CIDCLI, México, 1984

MOMO. Michael Ende, Ed. Alfaguara, España, 1984

NOVELA DE VACACIONES Y OTROS RELATOS. Charles Dickens, Ed. Labor, España, 1989

PIRULETA. Christine Nostlinger, E. Alfaguara, España, 1985

ROSALINDE TIENE IDEAS EN LA CABEZA. Christine Nostlinger, Ed. Alfaguara, España, 1984

# BIBLIOGRAFÍA

AQUINO FRANCISCO. *Cantos para jugar 1 y 2.* México, Ed. Trillas, 1989

BAMBERGER RICHARD. *La lectura en el mundo: vías y medios para su fomento.* Libros de México, ponencia presentada en la V Conferencia de lectura, Salamanca, España, 1987

CERVERA JUAN. *La literatura infantil en el salón de clase.* Diálogos educativos, Madrid. Ed. Cincel, 1985

COCOLITOS. Revista Grupo CUICA *et al* (números 1 al 13), México, 1984

GARRIDO FELIPE. *Cómo leer mejor en voz alta.* Universidad de Guadalajara, México, 1989

GARZÓN CÉSPEDES FRANCISCO. "Teoría de la narración oral escénica", manuscrito

MONCADA GARCÍA FRANCISCO. *Juegos infantiles tradicionales.* Librería Imagen Editores. México, 1985

SASTRÍAS DE PORCEL MARTHA *et al, Guía para promotores de lectura.* México, Conacult/INBA. Prolectura, 1990

———- "Clubes de Lectura en el hogar", Libros de México No. 18, México, 1990

———-TE REGALO UN SUEÑO (cuentos escritos por niños) libro 1, Ed. particular, 1987 —Coordinación Martha Sastrías de Porcel

——TE REGALO UN SUEÑO libro 2, Ed. particular, 1988

——TE REGALO UN SUEÑO libro 3, Ed. particular, 1989

SUÁREZ DE LA PRIDA ISABEL. *Manitas alegres.* México, Edición particular, 1984

——*Mis versitos,* Ed. particular

——*Versicuentillos y otros menos locos,* Ed. particular

T. MENDOZA VICENTE, *Lírica Infantil de México,* Fondo de Cultura Económica, México, 1983

Esta obra se terminó de imprimir
en junio del 2005, en los Talleres de

*IREMA, S.A. DE C.V.*
*Oculistas No. 43, Col. Sifón*
*09400, Iztapalapa, D.F,.*